Uwe Bremse

Lübeck und seine Nachbarorte
Ein Stadt- und Reisebegleiter

Uwe Bremse

Lübeck

und seine Nachbarorte

Ein Stadt- und Reisebegleiter

Droste

Die Deutsche Bibliothek – CIP Einheitsaufnahme

Lübeck und seine Nachbarorte: ein Stadt- und Reisebegleiter
/Uwe Bremse – Düsseldorf: Droste, 1992
ISBN 3-7700-0973-8
NE: Bremse, Uwe

Einband- und Buchgestaltung: Petra Schneider und Helmut Schwanen
Gesamtherstellung: Zumbrink Druck GmbH, Bad Salzuflen
ISBN 3-7700-0973-8

Inhalt

Lübeck-Silhouette und Wakenitz beim Sonnenuntergang.

Vorwort

Die Stadt Lübeck hat im Laufe ihrer Geschichte zwei Prädikate erhalten, die sie – ihre geschichtliche Größe und architektonische Bedeutung anerkennend – besonders kennzeichnen. „Königin der Hanse" und „Perle der Backsteingotik" weisen auf die einstige Bedeutung dieser geschichtsträchtigen Stadt hin.
Beides hat Spuren hinterlassen, die bis in die Gegenwart wirken und schließlich nach einer ausführlichen Antragstellung auch zur Anerkennung als Weltkulturerbe durch die UNESCO im Jahre 1987 führte. Die Geschichte ist in dieser Stadt allgegenwärtig und überall zu entdecken.
Der vorliegende Lübeckband will eine Brücke schlagen zwischen einem Geschichtsbuch und einem Bildband über die Hansestadt, indem er beides zu verknüpfen versucht. Ziel ist es, den interessierten Lübeckbesucher und auch seine Bewohner – wenn sie es noch nicht sind – für diese Stadt zu begeistern. Wer mit offenen Augen durch dieses Weltkulturgut geht, erkennt, daß auch für diese Stadt das Alt Lübeck zugesprochene Prädikat „Die Liebliche" weitgehend zutrifft. Der kritische Betrachter wird aber auch die Planungsfehler und Bausünden, das Verkehrschaos und den Taubendreck und die mehr oder minder gelungenen Sanierungsbemühungen erkennen.
Die Bilder zeigen die Lübecker Altstadt: das Holstentor und das Burgtor, den Markt und das Rathaus, die Kirchen, die Fußgängerzone der Breiten Straße, die Straßen der Innenstadt, z.B. Alf- und Mengstraße und Große Petersgrube, den Hafen mit der Trave, das ehemalige Burgkloster, die Höfe und Gänge, bedeutsame Einzelgebäude, Museen und Theater sowie die östliche Stadthälfte. Der interessierte Lübeckbesucher wird aber noch vieles mehr aufspüren. Ganz besonders sei auf die Fülle an Kunstwerken in den Lübecker Kirchen und Museen hingewiesen. Ein Blick in die Vorstädte St. Jürgen, St. Gertrud und St. Lorenz rundet das Bild der Hansestadt Lübeck, zu der auch das berühmte Ostseebad Travemünde gehört, ab.
Da Lübeckbesucher auch die landschaftlich reizvolle östliche Hügelland gerne besuchen, wird auch die Umgebung der Hansestadt einbezogen: Eutin und Neustadt, Bad Segeberg, Ratekau, Reinfeld und Bad Oldesloe sowie Ratzeburg und Mölln.
Möge das vorliegende Städteporträt viel Freude bereiten und dem Weltkulturgut Hansestadt Lübeck neue Freunde gewinnen.

Uwe Bremse

Die Hansestadt Lübeck – ein Weltkulturdenkmal

Die UNESCO, Organisation für Erziehung, Wissenschaft und Kultur der Vereinten Nationen, hat zum Jahresende 1987 große Teile der Lübecker Altstadt zum Weltkulturgut erklärt. Die Travestadt und ehemalige „Königin der Hanse“ gehört jetzt zu den ca. 300 Weltkulturgütern, die aufgrund eines UNESCO-Beschlusses internationale Anerkennung finden und ein besonders schützenswertes historisches Erbe darstellen.

Zu den ca. 300 Weltkulturgütern gehören aber nur wenige ganze Stadtteile oder gar Städte zu. Zu diesen zählen Damaskus, Dubrovnik, Jerusalem, Kairo, Venedig und Warschau. Jetzt gehören auch weite Teile der Altstadt von Lübeck zu dieser historisch wertvollen Bausubstanz. Das Besondere an der Anerkennung der Hansestadt Lübeck als Weltkulturgut liegt in der Einmaligkeit auf deutschem Boden. Es sind zwar noch weitere Städte mit Einzeldenkmälern in der Bundesrepublik auf der Liste der Weltkulturgüter, aber Lübecks Ausweisung umfaßt die gesamte Altstadt mit der einheitlich wirkenden Stadtsilhouette und den erhaltenen Altstadtquatieren, die als Ganzes den Charakter der mittelalterlichen Stadt widerspiegeln.

Das Bild der Hansestadt Lübeck wird zum einen geprägt durch das Baumaterial, den Backstein, der, von Lübeck ausgehend, vorbildhaft im ganzen Ostseeraum Verwendung fand. Die Stadt verdankt die Geschlossenheit der Altstadt auch den ständigen Bemühungen, diese als Denkmal zu pflegen und zu erhalten, was flächenmäßig umfangreiche und finanziell aufwendige Sanierungsmaßnahmen langfristig erreicht haben und noch erreichen werden; denn diese sind noch nicht abgeschlossen. Die Planungen reichen in das nächste Jahrtausend.

Was die Anmut des Stadtdenkmals Lübeck ausmacht und „den Ruhm der Lübecker Altstadt als Gipfelleistung der Stadtbaukunst begründet“, nennt Busch (S. 244) die Prägnanz der Stadtansicht, die Planmäßigkeit der Grundrißform, die Geschlossenheit des Aufrißbildes und die Mehrteiligkeit und Binnengliederung des Stadtkörpers.

Von den ca. 1000 Kulturdenkmälern der Hansestadt Lübeck liegen ca. 880 in der Altstadt zwischen der Trave und dem Elbe-Lübeck-Kanal. Ein großer Teil dieser historisch wertvollen Bausubstanz wiederum ist aus Backstein errichtet bzw. infolge von Sanierungsmaßnahmen aus Backstein wiederhergestellt worden. Im Mittelpunkt stand das Bemühen, den ursprünglichen Cha-

Einer der beiden Löwen am Eingang zum Holstentorvorplatz.

Die Stadtseite des Holstentores zeigt eine reiche Gliederrung der Fassade.

LYSIA HOTEL

Blick auf das Stecknitzfahrerviertel an der Obertrave unterhalb des Lübecker Domes.

rakter zu erhalten bzw. wiederherzustellen. Dabei wurden Fassaden und ganze Wände vor dem Abbruch gerettet; und bei vielen Gebäuden trat unter der Putzfassade die ursprüngliche Backsteinfassade hervor. Auf diese Weise wurde Schritt für Schritt die Geschlossenheit der Lübecker Altstadt erreicht, die nach einem seit 1980 laufenden Antragsverfahren durch die Stadt Lübeck – zur Anerkennung als Weltkulturdenkmal durch die UNESCO führte.

Aber das Bild der Lübecker Altstadt ist nicht nur aufgrund von Sanierungsmaßnahmen erhalten worden. Schon im vorigen Jahrhundert gab es Bemühungen unter Bürgermeister Roeck, wertvolle Kulturgüter zu bewahren. Der Abbruch des Holstentores – dieses Gebäude ist auf den alten 50-DM-Scheinen abgebildet – wurde nur mit einer Stimme verhindert, während das wertvolle Renaissance-Vorgebäude des Stadttores abgerissen wurde.

Ganz besonders verheerend waren die Kriegsfolgen. Im Zweiten Weltkrieg wurden wesentliche Teile der Lübecker Altstadt durch den Überraschungsangriff in der Palmsonntagnacht am 28./29. März 1942 in Schutt und Asche gelegt. Ein Fünftel der Stadt war zerstört. Von den Kirchen hatten der Lübecker Dom, St. Marien und St. Petri keine Türme mehr; und die Kirchenschiffe waren mehr oder weniger zertrümmert.

In den Kriegstagen und auch noch später hielt keiner den Aufbau Lübecks für möglich; und so manche Träne floß beim Anblick der zerstörten „Perle der Backsteingotik". Neben dem vorrangigen Wohnungsbau und der Eingliederung von ca. 90 000 Flüchtlingen wurde der Wiederaufbau der Lübecker Kirchen nach der Gründung des Kuratoriums „Lübecker Türme" durchgeführt. Bürgerschaft, Verwaltung, Denkmalspflege, Gesellschaft zur Beförderung gemeinnütziger Tätigkeit, Stiftungen (Dräger, Possehl), Vereine, Firmen und Einzelpersonen trugen dazu bei, die Lübecker Altstadt aus Trümmern neu entstehen zu lassen und die historische Altstadt wiederherzustellen, um dieses Kulturdenkmal an künftige Generationen weiterzugeben. In den letzten Jahren haben sich auch der unermüdliche Einsatz der „Bürgerinitiative Rettet Lübeck" (BIRL) und die Arbeitsgemeinschaft der Althaussanierer für dieses Vorhaben verdient gemacht. Seit 1973 arbeitet die Hansestadt

Die Häuser in der Straße „An der Obertrave" zeigen eine abwechslungsreiche Fassadengestaltung.

Lübeck mit den Städten Bamberg und Regensburg in der Arbeitsgemeinschaft „Bamberg – Lübeck – Regensburg“ zusammen.

Seit 1975 ist Lübeck Mitglied der Gemeinschaft „Die historischen Zehn – deutsche Städte voller Charme und Romantik“, um die Lübecker Altstadt für den Fremdenverkehr interessanter zu machen.

Im Jahre 1984 wurden Lübecks Bemühungen um die Denkmalspflege durch die Stiftung F. V. S. mit der Europa-Goldmedaille geehrt. Diese Auszeichnung erhielt die Hansestadt im selben Jahr mit dem kulturhistorisch bedeutsamen St. Petersburg.

Im Jahre 1987 erfolgte die Aufnahme in die Gruppe der Weltkulturgüter durch die UNESCO. Diese Einordnung in die lange Liste der Weltkulturgüter ist nicht nur Anerkennung, sondern darüber hinaus Verpflichtung, die Lübecker Altstadt zu erhalten und für künftige Generationen weiter zu gestalten.

Besonders der Norden, Osten und Süden der Lübecker Innenstadt sind als Weltkulturgut ausgewiesen. Dazu kommt inselartig der Bereich der Marienkirche und des Rathauses. Weite Teile der Stadt – besonders die im Westen zur Trave gelegenen Straßenzüge – gehören nicht zum Welterbe. Es handelt sich bei diesem Stadtgebiet um das im zweiten Weltkrieg zerstörte ehemalige Kaufmannsviertel.

Insgesamt ergeben sich aber einige Ungereimtheiten. Manche Bauwerke sind aus dem Welterbe ausgegrenzt, obwohl sie bau- und kulturgeschichtlich außergewöhnliche Bedeutung haben, z. B. das Buddenbrookhaus in der Mengstraße, die Löwen-Apotheke (S. 29) in der Dr.-Julius-Leber-Straße sowie einige Gebäude in der Königstraße. Weitere Beispiele könnten aufgeführt werden (S. 27).

Da die Geschlossenheit der Lübecker Altstadt etwas Besonderes ist, sollte man das Weltkulturgut nicht zu eng sehen und auf die in der Karte ausgewiesenen Bezirke beschränken. Bei der Einmaligkeit des Lübecker Stadtbildes als mittelalterliche Stadt mit sieben Türmen sollte Lübecks Innenstadt als Weltkulturerbe stets in seiner Ganzheit gesehen werden und denkmalpflegerisch als geschlossene Anlage behandelt werden.

Norderseite der Mengstraße mit dem berühmten Schabbelhaus.

„Im alten Zolln"
ist ein beliebtes
Straßencafe.

Geschichtlicher Überblick

Die Hansestadt Lübeck liegt inmitten eines schüsselartigen Beckens eines ehemaligen Eisstausees. Dieser bildete sich am Ende der Eiszeit, in der Moränenzüge in einem großen Kreis abgelagert wurden. Im Norden begrenzt der Moränenzug das Becken mit seiner höchsten Erhebung im Pariner Berg (72 m).

Mit dem Abschmelzen der Eisbedeckung füllte sich dieses Becken mit Wasser, da ein Abfluß in Richtung Lübecker Bucht durch die Eisrandlage versperrt war. Das Schmelzwasser füllte das Becken zu einem Eisstausee auf, der nach dem Erreichen der tiefsten Stelle im Moränenkranz nach Süden über die Wakenitz und den Ratzeburger See zum Urstromtal der Elbe abfloß.

Erst viele Jahrhunderte später, nachdem der Gletscher in der Lübecker Bucht abgeschmolzen war, konnte sich der See über den Abfluß der Trave zur Ostsee hin entwässern. Die sich im großen Lübecker Seebecken ablagernden Tone bildeten die Grundlage für den im Mittelalter einsetzenden Kirchen- und Hausbau mit Ziegeln. So konnte die Feuergefahr im engen Siedlungsbereich gebannt werden. Der in Lübeck praktizierte Backsteinbau des Mittelalters wurde Vorbild für viele Ostseestädte.

Die Backsteinbauweise wirkt sich aber bis zur Gegenwart aus. Lübeck entwickelte sich nicht nur zur „Königin der Hanse", sondern auch, was den Baustil betrifft, zur schon erwähnten „Perle der Backsteingotik". Die äussere Geschlossenheit und Einheitlichkeit bei aller Vielfalt der Lübecker Architektur des Mittelalters macht den Reiz der alten Hansestadt auch in der Gegenwart aus mit den Kirchen und Treppengiebelhäusern aus Backstein sowie den

Die Lübeckansicht schuf Hartmann Schedel im Jahre 1493.

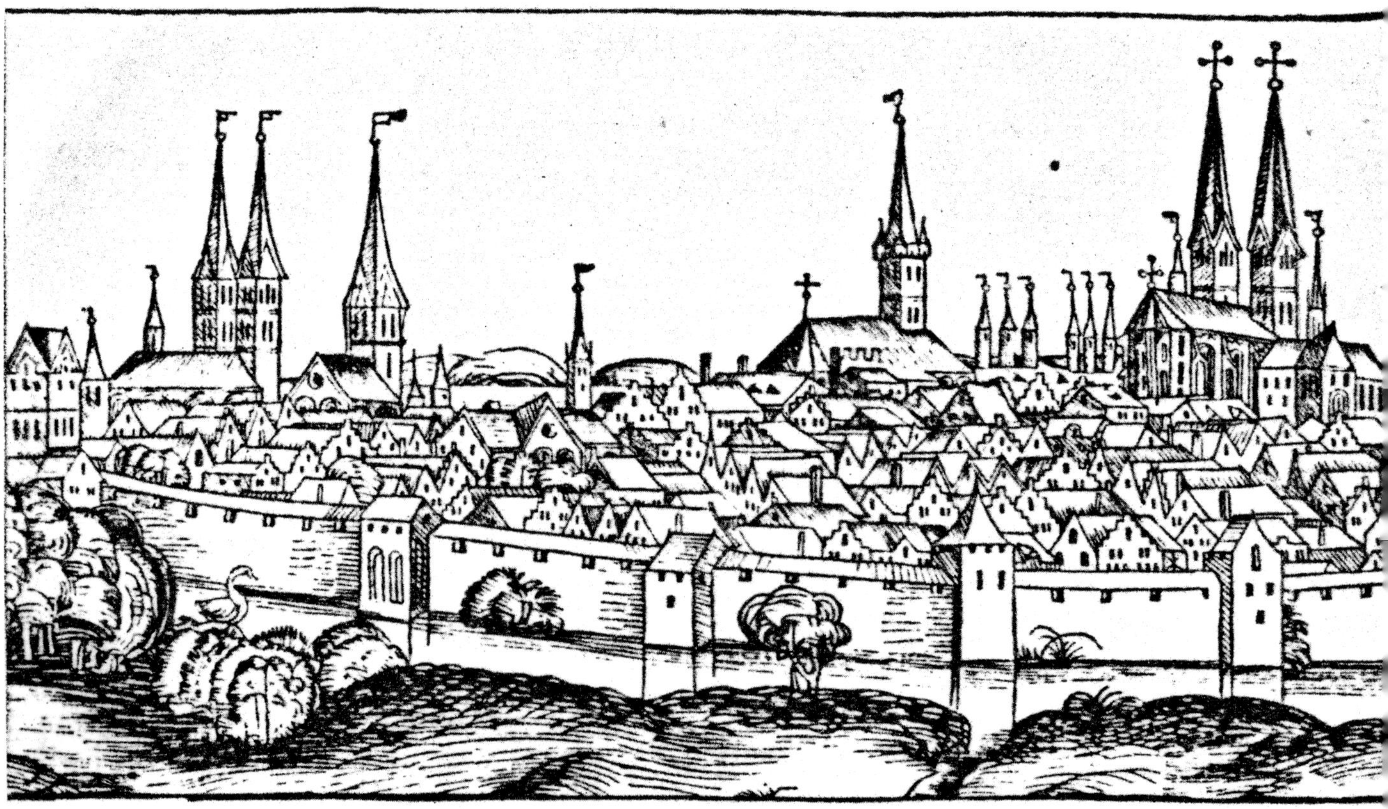

Höfen und Gängen aus.
Die Anfänge Lübecks lagen aber nicht da, wo sich die Stadt heute befindet, sondern etwas weiter nördlich, wo die Schwartau in die Trave fließt. An dieser Stelle befand sich in einer Insellage nach ca. 800 eine wendische Königsburg mit einer christlichen Kirche und einer Kaufmannssiedlung „Liubice“, die Schöne oder Liebliche, Alt Lübeck genannt (S. 21).
Diese Festungsanlage gehörte zu einer Kette von wendischen Anlagen, die bis Oldenburg reichten. Im Jahre 1138 wurde Liubice zerstört und der Ort auf dem Hügel „Buku“ zwischen Trave und Wakenitz neu aufgebaut.
Diese Neugründung durch Graf Adolf II. von Schauenburg vollzog sich 1143 als Kaufmannssiedlung. Es ist die erste Gründung Lübecks. Der Standort war ein trockener Siedlungsplatz, der ca. 16 m über der Sumpfniederung der Travelandschaft lag. Zu diesem Siedlungsplatz gehörte auch eine Burganlage beim heutigen Burgtor.
Die auf dem Hügel „Buku“ entstandene und später sich weiter entwickelnde Siedlung hatte über Jahrhunderte eine auf engem Raum begrenzte Lage, deren Vorteil die Schutzlage zwischen Trave und Wakenitz war, eine Fast-Insellage (S. 26). Die in den Anfängen als Kolonistenstadt gegründete Siedlung diente der Sicherung deutscher Interessen und zog viele Siedler aus Friesland, Holland und Westfalen an.
Aber es war auch vorgezeichnet, daß sich der Ort zu einer bedeutenden Kaufmannsstadt entwickeln sollte. Zum einen war die naturräumliche Lage von Vorteil, zum anderen wirkte sich die Unterstützung und der Einfluß von Herzog Heinrich dem Löwen aus, der Lübeck als Hafen- und Handelsort förderte, da er diesen Ort seiner Stadt Bardowik vorzog. Im Jahre 1157 kam es durch einen Großbrand zur Vernichtung der jungen Siedlung und zu einer zweiten Gründung Lübecks. Der Neuaufbau Lübecks als dritte Gründung vollzog sich ab 1159 in der Stadtmitte am heutigen Marktplatz durch Herzog Heinrich den Löwen. Der Herzog verschaffte Lübeck einige Privilegien wie das Marktrecht, das Recht, Zoll zu erheben und eine Münze zu betreiben. Außerdem erhielt die junge Siedlung das Soester Stadtrecht und konnte, mit diesen Vorteilen ausgerüstet, im mittel- und nordeuropäischen Raum – besonders dem Ostseeraum – eine hervorragende Stellung als Handelsstadt entwickeln.
Im Jahre 1160 wurde Lübeck Bischofssitz, nachdem Herzog Heinrich der Löwe das Bistum von Oldenburg in Holstein nach Lübeck zurückverlegt hatte. Ihm zu Ehren wurde Lübeck

Die Schiffergesellschaft im Stil der Renaissance. – Unter den Strebebögen rechts des Hauses blickt man in die Engelsgrube.

1163 Domstadt. Aus der romanischen Vorläuferin entwickelte sich ab 1173 die heute zweitürmige Domkirche im Süden der Stadt, wo sich auch das Domviertel befand.
Das sich entwickelnde Lübische Stadtrecht fand im Ostseeraum und darüber hinaus Anerkennung und Verbreitung in über 100 Städten; und Lübeck „wird damit zur Mutterstadt und zum Ausgangspunkt der Kette deutscher Ostseestädte von der Lübecker Bucht bis zum Finnischen Meerbusen, denen sie mit dem weiterentwickelten Lübischen Recht das Kennzeichen der deutschbürgerlichen Selbstverwaltung gab“ (Neugebauer, S. 56). Als die Macht Heinrichs des Löwen sank, „unterwarf sich der Rat dem Stauferkaiser Friedrich I., genannt Barbarossa, der 1188 die Privilegien bestätigte. Hier zeigte sich bereits als ein durchgehender Zug Lübischer Bündnispolitik die ausschließliche Ausrichtung nach Handelsinteressen“ (Brix, S. 8).
Im Jahre 1226 erhielt Lübeck durch den Stauferkaiser Friedrich II. seine Privilegien ebenfalls bestätigt und wurde zur ”civitas imperii“, einer freien Reichsstadt. Diesen Status behielt Lübeck bis zum Jahre 1937 bei. Solche Vorrechte in Verbindung mit der Initiative der Lübecker Kaufleute, der Wasserlage an einem schiffbaren Fluß und einer neuen Handelspolitik führten zu Lübecks hervorragender Stellung in dem allmählich erstarkenden Handelsbündnis, der Hanse. Die Hanse war über 300 Jahre lang ein erfolgreiches Schutzbündnis zur Sicherung des Handels von London im Westen bis Nowgorod im Osten, von Bergen im Norden und den vielen Handelsstädten im Süden des Reiches. Der Handel dieses Bündnisses ging sogar bis nach Italien und Spanien.
Die vielfältigsten Güter wurden auf dem für die Hanse typischen Schiff, der berühmten Hansekogge, auf den nordischen Meeren gefahren: Pelze, Trokkenfisch, Tuche, Salz, Erze, Vieh, Fische, Gewürze, Wachs, Getreide, Wolle, Holz und Fette sowie Bier und Wein usw.
Der Handel machte Lübeck reich und einflußreich. Lübecks Entwicklung in dieser frühen Zeit seiner Geschichte zeigte sich in der ansteigenden Bevölkerungszahl. Lübeck hatte mehr Einwohner als Hamburg. Außerdem hatte der umfangreiche Handel mit den vielen Gütern auf die bauliche Gestaltung der Stadt erheblichen Einfluß. Er fand seinen Niederschlag in der Errichtung

des besonderen Lübecker Handelshauses bzw. im Ausbau des Hafens an der Trave.

Die Macht des Lübecker Rates, der aus wohlhabenden und einflußreichen Kaufleuten bestand, setzte sich auch gegen die geistliche Macht durch, die der Rat auf das Domviertel zu beschränken wußte. Außerdem mußte die Geistlichkeit es hinnehmen, daß viele Ämter mit Vertretern der Lübecker Kaufmannsfamilien besetzt wurden.

Die Stadt Lübeck entwickelte sich in dieser Zeit mittelalterlicher Blüte des Handels zum Haupt der Hanse; und es kam zu einer besonderen bürgerlichen Stadtkultur. Eine Fülle von Baudenkmäler, die z. T. noch heute im Stadtbild erhalten sind und Lübecks Altstadt heute als Weltkulturdenkmal ausweisen, sind in dieser Zeit wirtschaftlicher Blüte und politischer Macht entstanden.

Nach den Feuersbrünsten von 1251 und 1276 setzte sich der Bau mit Backstein durch, um neue Katastrophen zu verhindern. Das Material für den Backstein gewann man aus den Tongruben im Lübecker Becken. Hier hatten die tonigen Bestandteile während des Eisstausees ca. 5000 Jahre Zeit zur Sedimentation. Das Maß für den gotischen Backstein betrug 28 x 14 x 8 cm. Noch heute ist ein großer Teil der Backsteingiebel aus diesem Gestein erhalten geblieben.

Für die Entwicklung des Stadtbildes zeigte sich die Konkurrenz zwischen Kirche und Kaufmannschaft bei der Errichtung der großen Kirchen sehr bedeutsam. Der zwischen beiden Einrichtungen vorhandene Wettstreit führte zu der schon von weitem erkennbaren Ansicht der „Stadt mit den sieben Türmen".

Im Jahre 1293 beschlossen die Hansestädte, den Lübecker Rat als höchste Reichsinstanz für die gemeinsamen Niederlassungen in Nowgorod auszurufen und nicht mehr Visby als oberste Instanz wirken zu lassen. Als 1329 auch noch Travemünde zu Lübeck kam, hatte die Reichsstadt auch einen sicheren Zugang zur Ostsee.

In der historischen Gaststätte Schiffergesellschaft sitzt man an langen Bänken.

„Allen zu gefallen . . . ist unmöglich." steht auf den beiden Stelen vor der Schiffergesellschaft.

Die Stadtansicht Lübecks von 1552 von Elias Diebel zeigt die Ostseite der Hansestadt.

Die Holstentor-Sporthalle von 1926 wude 1991/92 in eine Konzerthalle umgebaut.

Der Friede zu Stralsund bestätigte im Jahre 1370 Lübecks Herrschaft über den Ostseeraum, während der Einfluß Dänemarks gebrochen wurde. Mit dem Besuch Karl IV. im Jahre 1375 in Lübeck wurde die Hansestadt neben Rom, Florenz, Pisa und Neapel eine der fünf Herrenstädte des Reiches.

Von 1391 bis 1398 wurde der Stecknitzkanal errichtet, der für Lübecks Handel für die nächsten Jahrhunderte Bedeutung erlangte. Die Stecknitzfahrer holten das Salz aus Lüneburg, das in den berühmten Salzspeichern am Holstentor eingelagert wurde (S. 19). Die Stecknitzfahrer, deren Kirche der Lübecker Dom ist, wohnen z. T. noch heute in dem Viertel zwischen der Obertrave und dem Dom (S. 11).

Im Jahre 1397 kam es zu einem Zusammenschluß der nordischen Staaten in der Kalmarer Union; und noch 1475 bestätigte der Utrechter Friede die hansischen Vorrechte.

Mit der Schließung des Hansekontors in Nowgorod im Jahre 1478 sank der Stern der Hanse. Auch Lübeck bekam das zu spüren. In der Folgezeit wurde Holstein in Personalunion mit Dänemark verbunden, so daß Lübeck sein Hinterland für den Handel verlor.

Mit der Entdeckung Amerikas kam es zu einer Verlagerung der Handelsinteressen durch den neuen sich entwickelnden Welthandel und die Entdeckungsreisen von der Ostsee zur Nordsee und in Richtung Atlantik. Damit begann der Niedergang der Hanse; und der Einfluß Lübecks schwächte sich ab. Im Jahre 1630 tagte der letzte Hansetag der Städte Bremen, Hamburg und Lübeck. Lübeck hatte nur noch eine Randstellung, bedingt durch die

In den Salzspeichern wurde früher Salz aus den Salinen Lüneburgs gelagert.

Der zweite Lübecker Bahnhof wurde im Jahre 1908 eingeweiht.

RESTAURANT
BLUMEN

geographische Lage und die neuen Handelsmöglichkeiten nach Übersee.
Die Reformation vollzog sich in Lübeck von 1529 bis 1531 unter Bugenhagen, gefördert von Bürgermeister Wullenwewer, der nach einer Revolution an die Macht kam. Er war es, der die Vorherrschaft der Hanse gegen die Dänen retten wollte. Der Versuch mißlang jedoch. Auf Befehl Heinrichs von Braunschweig wurde er 1537 hingerichtet.
Die Wallanlagen wurden als Befestigungsanlagen ab 1613 errichtet und um 1670 fertiggestellt. Der Dreißigjährige Krieg hinterließ in Lübeck keine Spuren, vielleicht der Wallanlagen wegen. Sie stehen seit 1987 unter Denkmalschutz. 1629 konnte aber in Lübeck ein Teilfrieden zwischen den Kriegsparteien geschlossen werden.
Zu den Sicherungsanlagen der schon mittelalterlichen Stadt zählte eine Außenmauer mit Stadttoren, Rund- und Schalentürmen sowie ca. 60 Einlässen, die von den jeweiligen Grundstückseigentümern verantwortlich betreut werden mußten.
Die Hansestadt Lübeck bekam 1803 eine Bestätigung der Reichsfreiheit durch den Reichsdeputationsausschuß; aber die Besetzung Preußens durch französische Truppen führte auch die Franzosen nach Lübeck. Zu Beginn des 19. Jahrhunderts begann man die Befestigungsanlagen zu demontieren, um den Franzosen die Neutralität Lübecks zu beweisen. Dieses sollte sich für Lübeck jedoch als verhängnisvoll erweisen. General Blücher flüchtete vor den Franzosen mit den preußischen Truppen von Jena und Auerstedt nach Lübeck, wo es vor dem Burgtor nördlich der Altstadt und auch in der Großen Burgstraße am 5. November 1806 zu Gefechten und Plünderungen kam. Aber schon einen Tag später kapitulierte Blücher im Pastorat in Ratekau. An dieses Ereignis erinnert die Blüchereiche am Ortseingang der gleichnamigen Straße. Für Lübeck hatte die Besetzung durch die Franzosen politische und wirtschaftliche Auswirkungen von großer und lang anhaltender Tragweite. Am 1. Januar 1811 wurde die Hansestadt dem französischen Kaiserreich eingegliedert. Für Lübecks Wirtschaft – Hafen und Handel – war es eine Zeit des wirtschaftlichen Zusammenbruchs und für die Einwohner eine katastrophale Zeit.
Nachdem die französische Besatzung im Jahre 1813 beendet war, gehörte die freie Reichsstadt ab 1815 zum Deutschen Bund. Nach der Eingliederung Schleswig-Holsteins in Preußen 1868 gehörte Lübeck als freie Stadt dem Norddeutschen Bund an. Als Bundesstaat war Lübeck ab 1871 ein Teil des Deutschen Kaiserreichs und erhielt abermals seine Reichsunmittelbarkeit bestätigt.
Die Industrialisierung brachte der Hansestadt wieder eine positive wirtschaftliche Entwicklung, in deren Verlauf sich Maschinen-, Schiff- und Apparatebau, Konsumgüter- und Nahrungsmittelherstellung in Lübeck ansiedelten. Seit der Mitte des 19. Jahrhunderts wurde die von Mauern umgebene Innenstadt so eng, daß eine Bebauung außerhalb der Stadttore betrieben werden mußte. Es entwickelten sich die Vorstädte St. Jürgen, St. Lorenz und St. Gertrud mit ihren vornehmen Mansardhäusern und Villen der Gründerjahre.
Unter großen finanziellen Anstrengungen wurde der Elbe-Trave-Kanal gebaut und im Jahre 1900 eröffnet. Er schuf eine neue Verbindung zur Elbe und löste den oben erwähnten und für den Salzhandel so bedeutsamen Stecknitzkanal ab. Er sollte die Lübeck erwachsenden Nachteile durch den Bau des Kaiser-Wilhelm-Kanals – heute Nord-Ostsee-Kanal – mildern.
An der Trave entwickelte sich der Hafen zu einem komplexen System von Becken, z. B. Holstenhafen, Klughafen, Hansahafen, Wallhafen, Vorwerker Hafen. Außerdem entwickelte sich nach dem Zweiten Weltkrieg der Fährverkehr nach Skandinavien am Nordlandkai und am Skandinavienkai (Travemünde).
Eine Reihe von Industrien siedelte sich an der unteren Trave an und entwickelte eine Industriegasse, z. B. das Hochofenwerk, ein Guanowerk, ein Kraftwerk, eine Keramikfabrik, um der anwachsenden Bevölkerung Arbeitsmöglichkeiten zu schaffen, denn im Jahre 1911 war Lübeck Großstadt geworden.
Im Jahre 1848 fand in Lübeck die Wahl der ersten Bürgerschaft statt, aber erst 1920 erhielt die Stadt nach der Auflösung des Kaiserreichs eine demokratische Verfassung. Durch das Groß-Hamburg-Gesetz vom 1. April 1937 verlor die Hansestadt Lübeck die Reichsfreiheit und damit die staatliche Selbständigkeit nach über 711 Jahren. Lübeck wurde eine kreisfreie Stadt der Provinz Schleswig-Holstein.
Im Dritten Reich wurde die Hansestadt Lübeck unter der Aufsicht des Gauleiters der NSDAP mit Mecklenburg zu einem Gau zusammengefaßt. Der Zweite Weltkrieg hatte verheerende Auswirkungen durch die schon erwähnten Bombenangriffe in der Palmsonntagnacht 1942, in der die historische Altstadt von Lübeck zu einem Fünftel in Schutt, Asche und Trümmer gelegt wurde. Durch die Vermittlung des Internationalen Roten Kreuzes und besonders Carl Jacob Burckhardts wurde Lübeck von weiteren Großangriffen verschont. „In Vernichtung und Chaos, Blut und Tränen sind 1945 zwölf Jahre des Nationalsozialismus untergegangen“ (Höppner, S. 134).

Alt Lübeck lag am Zusammenfluß der Schwartau in die Trave.

Die Hubbrücke befindet sich am Eingang zum Elbe-Lübeck-Kanal.

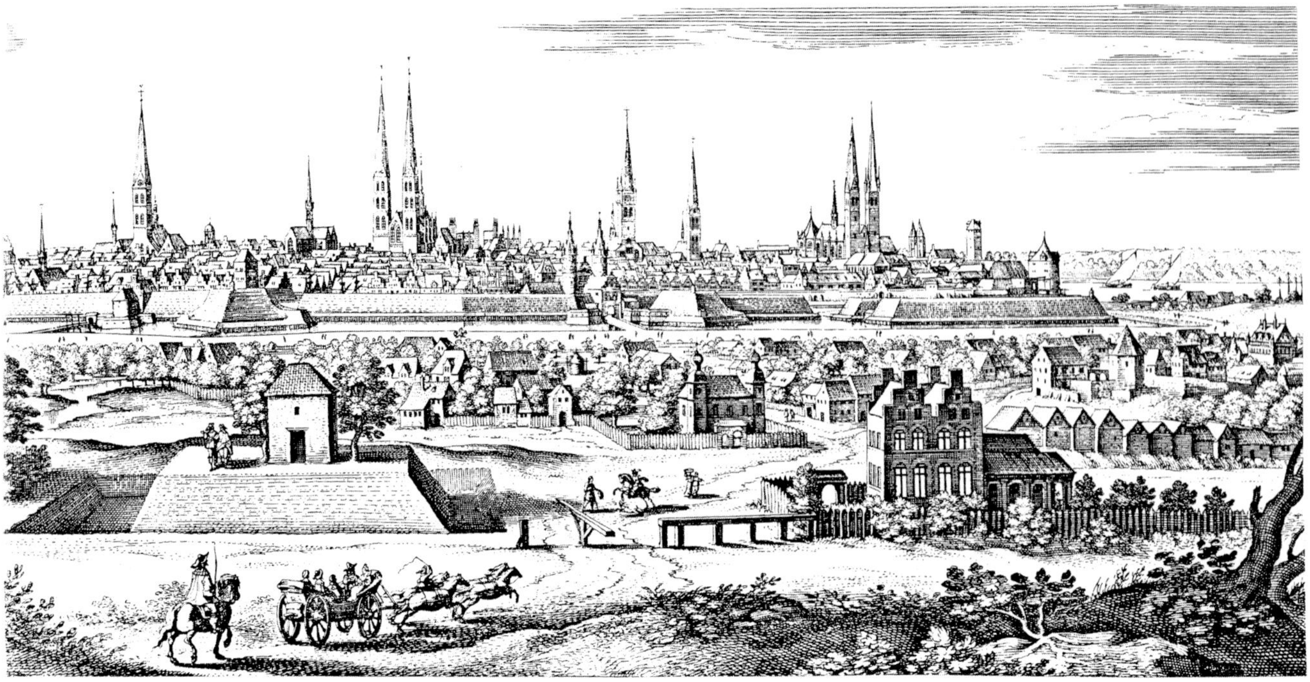

Die Lübeckansicht von Matthäus Merian zeigt die Hansestadt von Westen (1641).

Zwischen 1945 und der deutschen Wiedervereinigung lag die Hansestadt Lübeck in der Randlage unterschiedlicher politischer, militärischer und wirtschaftlicher Machtblöcke. Damit wurde Lübeck eines wesentlichen Teils seines Hinterlandes beraubt. Dieser Zustand wirkte sich folgenschwer auf den Handel bis zur Gegenwart aus. Dafür gelang es der Hansestadt, die Industriegasse an der Trave auszubauen und als Ostseehafen einen lebhaften Schiffs- und Fährverkehr nach Skandinavien (Nordlandkai, Skandinavienkai, Eurowaykai) und Polen auszubauen. Eine Verbindung in die Sowjetunion ist im Gespräch. Der am 5. März 1992 gegründete Ostseerat aller Anliegerstaaten der Ostsee gilt als Neuauflage der Hanse. Er wird auch für Lübeck neue Impulse hinsichtlich der Beziehungen zu den Anrainerstaaten geben. Die Nachkriegsjahre waren geprägt durch den Wiederaufbau der Altstadt mit den Kirchen, Wohn- und Geschäftshäusern sowie der Eingliederung von ca. 140 000 Flüchtlingen, Polen und ausländischen Arbeitnehmern.

Heute ist die Stadt Lübeck eine kreisfreie Stadt im Land Schleswig-Holstein. Auf ca. 214 km^2 Stadtgebiet wohn(t)en

1939 155 000 Einwohner
1969 244 000 Einwohner
1989 207 000 Einwohner
1992 216 700 Einwohner.

Somit leben heute ca. 1013 Personen auf einem km^2.

Als historisch-kulturelles Zentrum im Ostseeraum hat Lübeck eine Medizinische Universität, ein Land-, Arbeits- und Sozialgericht, Arbeits- und Finanzamt, Landesbauamt, Hauptzollamt, eine Hafengesellschaft sowie eine Industrie- und Handelskammer und Handwerkskammer. Außerdem ist Lübeck Standort vieler allgemeinbildender Schulen (Gymnasien, Gesamtschulen, Realschulen, Grund-, Haupt- und Sonderschulen,) Berufsschulen, Fachschulen, Fachhochschulen für Seefahrt, Elektrotechnik und Musik. Das kulturelle Leben wird durch kultur- und naturgeschichtliche Museen, zwei Städtische Bühnen, ein Figurentheater, ein Puppenmuseum und eine bedeutsame wissenschaftliche Bibliothek bestimmt.

Das Ostseeheilbad Travemüde in der Lübecker Bucht gehört politisch zur Hansestadt Lübeck und erhöht den Wohnwert der Hansestadt am südwestlichen Rande der Ostsee. Über die Bundesautobahn bzw. mit der Deutschen Bundesbahn ist die benachbarte Welt- und Hansestadt Hamburg leicht und schnell zu erreichen.

Wirtschaftlich bedeutsam sind das Drägerwerk und die Possehlunternehmen, die Firma Baader, eine Spezialfirma für Fischentgrätungsmaschinen, die Fischwirtschaft in Schlutup, das Lübecker Ingenieurkontor, die Firma Beth (Umwelttechnik), Erasco (Nahrungsmittel) und die Lübecker Hafengesellschaft sowie eine Kran- und Schiffbaufabrik. Außerdem ist Lübeck bekannt für seinen Weinhandel mit den

Die alte Stadtansicht zeigt Lübeck von Nord-Osten mit einem Komet über der Stadt (1720).

skandinavischen Ländern und seinen Lübecker Rotspon, ein berühmter Rotwein, sowie das bedeutende Lübecker Marzipan, z. B. von Niederegger.

Daten zur Lübecker Geschichte und Baugeschichte

817 Besiedlung Alt Lübecks zwischen Trave und Schwartau durch die Wenden.
1138 Zerstörung Alt Lübecks durch die Wenden.
1143 Gründung Lübecks durch Graf Adolf II. zwischen Trave und Wakenitz.
1155/56 Bau eines Brunnes in der Burg auf dem Hügel Buku.
1157 Zerstörung Lübecks durch ein Feuer.
1158 Übergabe der Burg und des Hügels durch Graf Adolf an Heinrich den Löwen.
1159 Neugründung der Stadt durch Heinrich den Löwen.
1163 Weihe des ersten Lübecker Doms als Holzkirche.
1173 Heinrich der Löwe legt den Grundstein des Domes als romanische Kirche.
1177 Gründung des St. Johannisklosters der Benediktiner, später Zisterzienserinnen.
1181 Ernennung Lübecks zur kaiserlichen Stadt durch Kaiser Barbarossa.
1188 Eine Urkunde Barbarossas sichert Lübeck besondere Privilegien zu.
1201/25 Lübeck unter dänischer Herrschaft.
1225 Gründung des St. Katharinenklosters der Franziskaner.
1226 Ernennung zur freien Reichsstadt durch Kaiser Friedrich II.
1227 Gründung des Burgklosters der Dominikaner.
1230 Aufschüttung des Hüxterdammes für die Anlage von Mühlenbetrieben.
um 1230 Bau des Burgtors.
1230/40 Baubeginn des Lübecker Rathauses am jetzigen Standort.
1251 Großbrand im südlichen Stadtgebiet und Entstehung des Kreuzganges am Lübecker Dom.
Baubeginn der Marienkirche nach der Zerstörung der romanischen Vorläuferin durch Feuer.
1276 Großbrand im nördlichen Stadtgebiet und Hinwendung zum Backsteinbau durch eine Ratsverordnung.
Baubeginn des Heiligen-Geist-Hospitals für Alte und Kranke.
1284 Gründung des Cranen-Konvents, Kleine Burgstraße 22.
1298/1308 Errichtung des Langen Hauses südlich des Rathauses.

Die archäologische Großgrabung zwischen der Alfstraße und Fischstraße war für die Anerkennung Lübecks als Weltkulturgut für die UNESCO von Bedeutung.

1310 Bau des Südturms der Marienkirche sowie der Briefkapelle.

1358 Erste Erwähnung der „Deutschen Hanse".

1370 Friede von Stralsund

1375 Kaiser Karl IV. in Lübeck.

1398 Einweihung des Stecknitzkanals.
Erste Erwähnung des Marstalls am Burgtor.

1436 Bau der Andreaskirche in Lübeck-Schlutup.

1422/44 Errichtung des Neuen Gemachs, der späteren Kriegsstube, am Rathaus.

1444 Erhöhung des Burgtorturmes um ein Stockwerk durch Baumeister N. Peck.

1458 Bau des Dornes-Hofs, Schlumacherstraße 15 - 23.

1469/78 Bau des Holstentores nach Plänen von H. v. Helmstede als nach Holstein ausgerichtetes Stadttor.

1477 Bernt Notke baut die hölzerne Bühne des Singechors im Dom.
Entstehung des Triumphkreuzes für den Dom durch Bernt Notke.

1484 Baubeginn des Kanzleigebäudes.

1491 Hans Memling malt den Doppelflügelaltar des Domes, der heute im St.-Annen-Museum steht.

1502 Baubeginn des St.-Annen-Klosters der Augustinerinnen.

1531 Reformation in Lübeck durch Bugenhagen.

1535 Bau des Hauses der Schiffergesellschaft.
Die Errichtung der Wallanlagen zum Schutze der Stadt vor dem Mühlentor wird begonnen und dauert mehrere Jahre.

1536 Beendigung der Großmachtstellung Lübecks im Hansebündnis.

1550 Statius von Düren schmückt die Neubauten der Hansestadt ca. 20 Jahre lang mit Terrakotten nach italienischem Vorbild.

1550/53 Das Mühlentor als südliches Stadttor wird durch den Neubau eines äußeren Tores zusätzlich geschützt.

1570/72 Bau der Rathaus-Laube.

1571 Bau des ehemal. Zöllner-Hauses (Ida-Boy-Ed-Haus) neben dem Burgtor.

1572/74 Tönnies Evers d. Ä. schafft als Schnitzer den Ratssaal, von dem heute nur noch die Tür zum Audienzsaal erhalten geblieben ist.

1573/83 Hans Dreger baut das kunstvoll gestaltete Fredenhagen-Zimmer für das ehemalige Haus Schüsselbuden 16. Das Fredenhagen-Zimmer befindet sich heute im Haus Breite Straße 6.

1579 Errichtung des ältesten Salzspeichers am Holstentor.

1585 Das Holstentor erhält ein äußeres Vortor.

1586 Bau des Singchores in der Ägidienkirche durch Tönnies Evers d. J.
Bau des Erkers am Rathaus durch Tönnies Evers d. J.

1587 Bau des Portals am Krämeramtshaus durch R.Coppens, heute Braunstraße 1 - 3.

1594 Bau des Zeughauses.
Tönnies Evers d. J. erhält den Auftrag, das Neue Gemach im Anbau des Rathauses zu gestalten. Er benötigt für diese Arbeit 20 Jahre.

1595 Tönnies Evers d. J. baut die reich geschnitzte Vertäfelung des Festsaales des Amtshauses der Krämerkompanie, Schüsselbuden 24, heute Breite Straße 6.

1595/1606 Die westlichen Wallanlagen werden durch den Bau von Bastionen verstärkt.

1601 Bau der Pastorenhäuser am Koberg.

1614/44 Verstärkung der Befestigung.

1629 Friede von Lübeck zwischen Wallenstein und Dänemark.

1630 Letzter Hansetag.

1636 Erneuerung des gotischen Turms der Jakobikirche.

1639 Bau des Füchtings Hofes, Glockengießerstraße 23 - 27.

1645 Bau der St. Jürgen-Kapelle in der Ratzeburger Allee.

1648 Westfälischer Friede – Lübeck bleibt ein selbständiger Staat.

1658 Bau des Turmhelms der Jakobikirche.

1750 Bau der ehemaligen Roß-Mühle, an der Obertrave, nach Plänen von J. A. Soherr.

1754/61 Umgestaltung des Ratssaales in den Formen des Rokoko.

1779/83 Bau des Behnhauses in der Königstraße als Hauptbeispiel klassizistischer Architektur.

1789 Gründung der Literarischen Gesellschaft, die sich ab 1797 Gesellschaft zur Beförderung gemeinnütziger Tätigkeit nennt.

1803 Reichsdeputationshauptausschuß: Lübeck bleibt eine selbständige Reichsstadt, Lübeck bleibt selbständiger Staat.

1806 Besetzung Lübecks durch französische Truppen.

1811/13 Eingliederung Lübecks in das französische Kaiserreich.

1815 Mitglied im Deutschen Bund.

1824/26 Bau der Ev.-reform. Kirche, Königstraße 18.

1863 Das Holstentor wird vor dem Verfall gerettet und restauriert.

1864 Die Torsperre wird aufgehoben. Die Bebauung und Besiedlung der Vorstädte setzt ein.

1871 Lübeck wird Gliedstaat im Deutschen Kaiserreich.

1884 Das Lübecker Rathaus erhält eine neugotische Fassade.
Errichtung des ehemaligen Postgebäudes am Markt im neugotischen Stil.

1885/91 Umgestaltung der Rathausdiele mit neugotischen Formen.

1896 Fertigstellung des ehemaligen Gerichtsgebäudes in der Großen Burgstraße.

1900 Einweihung des Elbe-Trave-Kanals. Es kommt zu einem erheblichen Landschaftswandel im Norden und Osten der Stadt.

1907/08 Bau des Lübecker Theaters in der Beckergrube.

1908 Einweihung des neuen Hauptbahnhofs.

1911 Lübeck wird Großstadt.

1920 Einführung einer parlamentarischen Landesverfassung.

1937 Verlust der Reichsfreiheit nach 711 Jahren und Eingliederung in die preußische Provinz Schleswig-Holstein.

1942 Bombardierung der Lübecker Altstadt am 28./29. März führt zur Zerstörung von einem Fünftel der Innenstadt.

1946 Verbleib im Verband des neugegründeten Landes Schleswig-Holstein und Verlust des Hinterlandes durch Grenzziehung am Ende des 2. Weltkrieges.

1958/60 Neubau der Domtürme.

1962 Gründung der Medizinischen Akademie, heute Medizinische Universität Lübeck.

1975 Verleihung der europäischen Denkmalschutzmedaille.

1982 Abschluß der Restaurationsarbeiten im Paradies am Dom.

1984 Bezug der sanierten Gebäude in der Großen Petersgrube durch die Musikhochschule.

1987 Einweihung der Petrikirche als letzte restaurierte und wiederaufgebaute Kirche nach dem Krieg.
Aufnahme Lübecks in die von der Organisation der Vereinigten Nationen für Erziehung, Wissenschaft und Kunst (UNESCO) geführten Liste des Erbes der Welt.

1990 Durch die Vereinigung Deutschlands bekommt Lübeck sein Hinterland in Mecklenburg-Vorpommern zurück.

1992 Eröffnung des Euroway-Fähranlegers nach Malmö.

1993 850-Jahrfeier der Gründung Lübecks.

Der Stadtgrundriß

Nach der Besiedlung des Hügels „Buku", der wegen seiner Schutzlage als neuer Siedlungsplatz im Jahre 1143 ausgesucht worden war, entwickelte sich der Ort schnell zu einer städtischen Siedlung, die mit ca. 25 000 Einwohnern schon im Mittelalter nach Köln die zweitgrößte Stadt im Reich wurde. Dieser Hügel, zwischen Trave und der im Süden der Stadt in die Trave mündenden Wakenitz gelegen, hattes als Halbinsel eine Sicherheitslage von großer Bedeutung für die hier siedelnden Menschen.
Die Schutzlage bot nicht nur vor Feinden Sicherheit, sondern ermöglichte auf dem vom Naturraum begünstigten Moränenzug eine Besiedlung auf trokkenem Untergrund. Die höchste Erhebung im Stadtgebiet beträgt ca. 16 m. Mehrere Höhenkuppen zergliedern den schildartig aufgewölbten Moränenzug und sind für die Entwicklung verschiedener soziogeographischer Bezirke von Vorteil, z. B. Burgbezirk, Kaufmannsbezirk, Dombezirk, Kirchenbezirk. Schon im Mittelalter hatten die Lübecker für den Betrieb der Wassermühlen am Hüxter- und Mühlendamm die Wakenitz aufgestaut, so daß sich im Osten der Stadt eine breite Wasserlandschaft bildete, die sich als natürlicher Schutz der sich im 13. Jahrhundert ent-

wickelnden Hansestadt erwies. Dadurch wurde die Topographie Lübecks wesentlich verändert. Erst beim Bau des Elbe-Trave-Kanals (1900) wurde die schmale Landenge im Norden, wo das Burgtor mit den mächtigen Türmen und Mauern steht, durchstochen, so daß eine Verbindung zwischen der Trave und dem neuen Kanal hergestellt werden konnte.

Auf dieser Halbinsel zwischen Trave und Wakenitz entwickelte sich die junge Stadt zunächst im Burgbezirk, wo auch heute noch das älteste Haus der Stadt steht. Von hier aus entstand durch die starken Gemäuer auch Sicherheit für die übrigen Stadtteile.

Gleichzeitig entwickelte sich westlich des Marktes, Rathauses und der Marienkirche der Kaufmannsbezirk in Richtung Seehafen der Stadt, während im Süden der Halbinsel der Dombezirk entstand und in seiner Nähe der Bezirk der Stecknitzfahrer mit dem Binnenhafen an der Obertrave. Vom Klingenberg nach Südosten abbiegend, verläßt die Mühlenstraße zum nicht mehr vorhandenen Mühlentor die Stadt. Diese Nord-Süd-Achse bildet auch heute noch die Verkehrsdominante und schließt als weitere Plätze den Koberg im Norden und den schon erwähnten Klingenberg im Süden des Marktes ein, der in Richtung Dom zum Pferdemarkt führt.

Parallel dazu entstand die Königstraße, so daß sich eine strickleiterartige Achse vom Burgtor im Norden nach Süden erstreckte und vor dem Dombezirk am Klingenberg in Richtung Mühlentor abbiegt.

Von dieser unregelmäßigen strickleiterartigen Mittelachse zweigen nach Osten zur Wakenitz und nach Westen zur Trave die Straßen und Gruben ab, die vom schildförmigen Mittelrücken zu den beiden Gewässern abfallen. Wo es notwendig war, wurden diese Gruben durch Querstraßen und Gänge verbunden. Dadurch wurde eine blockartige Aufteilung erreicht, die mit Parzellen für die Bebauung eingeteilt werden konnte.

Die Aufteilung in Nord-Süd-Achse, Markt, Plätze, Gruben, Querstraßen ergibt die Grundlage für eine geordnete, planvolle mittelalterliche Stadtanlage die sich weitgehend bis heute im Stadtbild erhalten hat.

Lübecks geschlossene Stadtanlage zwischen Trave und Wakenitz aus der Vogelperspektive.

Plan der Lübecker Innenstadt mit dem von der UNESCO anerkannten Weltkulturerbebestand.

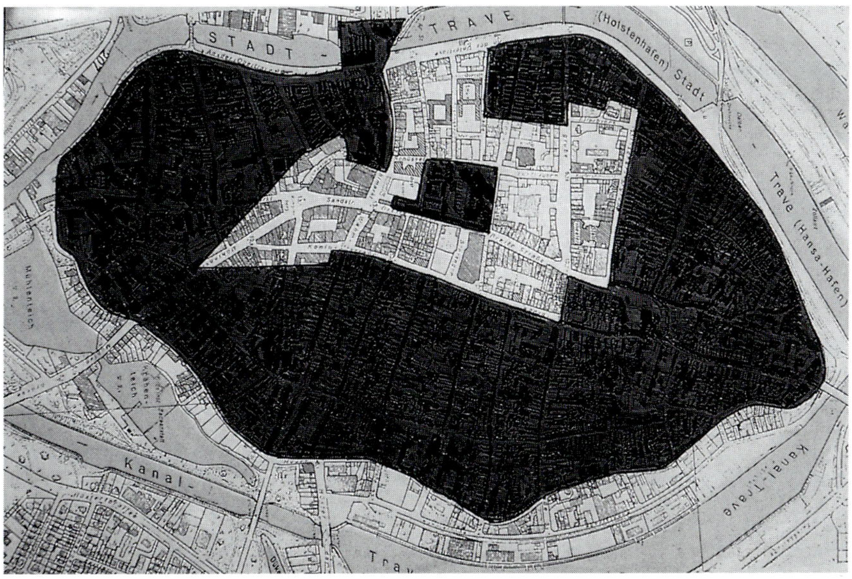

Die Hausformen

Das Lübecker Patrizierhaus ist ein im Mittelalter entstandenes Giebelhaus mit Treppen- oder Stufengiebeln. Es entsprach den wirtschaftlichen Anforderungen seiner Besitzer und paßte sich ideal in die Bauflucht ein, ohne seine Individualität aufzugeben. Vom Bauprinzip war das Gebäude ein Dielenhaus, das gleichzeitig in seinem zentralen Raum, der Diele, Handelsraum für den Kaufmann und Werkstatt für den Handwerker war. Außerdem befand sich in der Diele der Kamin mit der Küche und ein mitunter stattliches Treppenhaus. Um mehr Licht in die Diele zu bekommen, wurde diese häufig von 3 m auf 5 m erhöht und die Fensterfront diesem Bauprinzip angepaßt. Um einen Prunkraum zu haben, schuf man in der oberen Etage eine gute Stube, die Dornse, die man von den Speichern, der sich je nach Höhe des Hauses im 2. - 5. Stockwerk befand, abtrennte. Später wurden auch Büros und die Küche von der Diele abgetrennt, so daß eine Zwischendecke entstand, die im Geschoß darüber nur noch niedrige Zimmer für Bedienstete ermöglichte. In der Renaissance erhielten diese Gebäude nicht selten ein reich verziertes Portal, wie man es in der Mengstraße häufiger betrachten kann. Zum Wohnen hatte das Haus nach hinten einen schmaleren und niedrigeren Flügelanbau. Bei einem Rundgang durch die Stadt kann man diesen häufig entdecken. Die Handels- und Kaufmannsstadt mußte für den umfangreichen Warenverkehr von und nach Lübeck auch für das Lagern vor allem der Massengüter sorgen. So entstanden **Speicherhäuser**, die im Prinzip Giebelhäuser sind. Besonders bekannt sind die Salzspeicher an der Untertrave nahe dem Holstentor aus dem 16. - 18. Jahrhundert. Die Kähne der Stecknitzfahrer konnten auf der Trave bis an die Häuser heranfahren und die Güter zum Speicher in diese Häuser befördern. Solche Speicher stehen auch am Hafen an der Untertrave. Dieser Haustyp zeigt sehr deutlich die Bedeutung der Stadt für den Handel, besonders für den Fernhandel. Rollen, Kräne und Flaschenzü-

Terrakotten am Stalius-von-Düren-Haus in der Musterbahn.

Dat Hoghehus, ein seltener Saalgeschoßbau, am Koberg.

Rokoko-Haus von 1773 in der Königstraße 81.

ge sorgen im obersten Fenster, besser in der Luke, der Giebelhäuser für das Hinaufhieven der Güter. Freistehende Häuser gab es nur in der Frühzeit der Hansestadt. Sie verschwanden mit der Zunahme der Bevölkerung, da Land knapp wurde und Ackerhöfe in der engen Stadt nicht mehr tragbar wurden. Nur Würdenträger der Kirche behielten noch ihre Höfe, die Kurien. Von diesen hat sich nur noch das Rantzausche Palais in der Parade bis heute erhalten.

Mit dem Wunsch nach mehr Wohnraum und Behaglichkeit und einer moderneren äußeren Gestaltung wurden die Giebelhäuser durch das Einziehen von Decken im Dielenbereich in **Wohnhäuser** umgebaut. Häufig wurde auch ein Speichergeschoß in Wohnraum umfunktioniert.

Erst im 18. Jahrhundert setzte sich die klassizistische Umgestaltung durch. Anfangs faßte sie nur mehrere Giebelhäuser durch Abtagung der Giebelfassaden zu einem einheitlichen äußeren Erscheinungsbild zusammen. Später konzipierte die klassizistische Form hinter der Fassade ein Traufendach. Das wohl bedeutendste Gebäude des Lübecker Klassizismus ist die ehemalige Lindesche Villa, in der Ratzeburger Allee 16 außerhalb der Altstadt, in der heute das Standesamt ist.

Die Sommerhäuser und Villen der Gründerzeit entwickelten sich nach 1864, als die Pflicht, innerhalb der Stadtmauern zu wohnen, aufgehoben wurde. Jetzt erst entstanden auch die Stadtteile St. Lorenz, St. Gertrud und St. Jürgen. Einige prachtvolle Villen kann man am Mühlenteich sehen.

Die **Mansardhäuser** der Stadtteile erfüllten die Wohnungsansprüche der durch die Industrialisierung ansteigenden Wohnbevölkerung der sich zur Großstadt entwickelnden Hansestadt. Auch sie befinden sich überwiegend außerhalb der Altstadt.

Kleine **Traufenhäuser** befanden sich auf den Hinterhöfen und Gängen. Sie sind verborgen hinter der großen Fassade der Giebelhäuser und können meist auch nicht durch die nur schmalen und niedrigen Gänge und Hoftore gesehen werden, z. B. im Nagelschmieds Gang, Zerrahns Gang, aber auch in der Hundestraße.

Die Löwenapotheke zeigt eine Fassade mit gotischem Treppengiebel.

Die Pastorenhäuser von 1601/1602 neben St. Jakobi.

Das klassizistische Behnhaus mit Balustradenfiguren.

Die ehemalige Roß-Mühle von 1750 an der Obertrave.

Neugotische Giebel der Häuser Breite Straße 6-8.

Rokoko-Zimmer im Flügelanbau des Schabbelhauses.

Die Gänge und Höfe

Archäologische Grabungen in der Lübecker Altstadt ermöglichten Aussagen über die Siedlungs- und Wirtschaftsstruktur der Stadt im Mittelalter. Diese betreffen die Grundstücksgröße, die Hausformen und die Bauweise. Dabei konnten auch Erkenntnisse der Baumaterialien wie Holz und Stein gewonnen werden und die für die Hansestadt Lübeck so charakteristischen Gänge und Höfe erforscht werden.

Das Grundstück war schon im Mittelalter zumeist lang und schmal geschnitten und hatte eine Größe von ca. 8 x 35 m. Das Vorderhaus war ein Giebelhaus mit einem Durchgang zum Hinterhof. Auf diesem Hinterhof befanden sich kleine Häuser und Buden.

Während diese Hinterhofbauten anfangs reine Holzhäuser waren, war der Anbau eines brandsicheren Raumes, einer Kemenate, der Übergang zur Backsteinbauweise, die sich besonders nach den Großbränden von 1251 bis 1276 durchsetzte, da nur noch „stenerne muren" (steinerne Mauern) für den Bau der Häuser erlaubt waren.

Die Großgrabungen an der Alfstraße (S. 24) zwischen der Marienkirche und der Trave, die bereits abgeschossene Grabung in der Breiten Straße sowie weitere Untersuchungen des Lübecker Untergrundes werden sicher weiteren

Der Füchtings Hof ist der größte und prächtigste Stiftungshof in der Lübecker Innenstadt. Er befindet sich in der Glockengießerstraße 45-53.

Der Lüngreens Gang zeigt zweigeschossige Traufenhäuser (links).

Das Ilhorn-Sti (Hofgebäude

Der Qual mann Gang

Durchgang vo der Depenau zu Marlesgrube

Der Haasen Ho

Wappentafeln verzieren den Eingang zum Von-Höveln-Gang in der Wahmstraße.

Der Glandorps Hof von 1612 besitzt einen geräumigen Innenhof.

Das Sandsteinportal schmückt das Vorderhaus zum Füchtings Hof.

Neben kleinen, niedrigen Durchgängen gibt es auch große Torwege zu den Hinterhöfen.

Der St.-Jürgen-Gang hat eine zierreiche Wappentafel von 1587.

Das ehemalige Vorsteherzimmer im Füchtings Hof zeigt noch seine ursprüngliche Gestaltung.

Die Bildnisse des Stifterehepaares hängen im Vorsteherzimmer des Füchtings Hof.

Aufschluß über die Siedlungsgeschichte Lübecks geben. Um auf das hintere Grundstück zu gelangen, wurden seitlich der Häuser lange, schmale und zum Teil niedrige Gänge errichtet, die noch heute das Altstadtbild prägen. Durch diese Gänge gelangt man durch das Vorderhaus zu den Gangbuden der Hinterhöfe. Die Hansestadt Lübeck gilt als die Stadt der Gänge, von denen es noch ca. 95 gibt. Die bekanntesten sind der Balhorn Gang in der Glockengießerstraße, der St.-Jürgen-Gang (S. 34) in der Kleinen Petersgrube, der Bäcker Gang in der Engelsgrube, der Lüngreens Gang (S. 32) in der Fischergrube, der Rademacher Gang in der Hartengrube und der Qualmann Gang (S. 33). Letzterer unterscheidet sich von den meisten Gängen durch die großzügige Anlage.

In den seit dem 13. Jahrhundert belegten Gangbuden, die meist kleine Traufenhäuser waren, wohnten die armen sozialen Schichten. Hier fanden sich im Mittelalter auch die neuen Stadtbewohner ein, denen der Zuzug in die Stadt nach dem Motto „Stadtluft macht frei" geglückt war. Reichere Lübecker Kaufleute ließen einen größeren Eingang, eine breitere Hofeinfahrt, frei, um auf die Hinterhöfe zu gelangen, wo Wohnquartiere bzw. Stifte angelegt waren. Häufig sind diese geräumigen und prachtvoll gestalteten Höfe Stiftungen ihrer Erbauer, deren Namen sie auch tragen, z. B. der Glandorps Hof (1612) und der Füchtings Hof (1639) in der Glockengießerstraße 45 - 53 (S. 35) bzw. 25 (S.31,34 u.36), der Haasen Hof (1727) in der Dr.-Julius-Leber-Straße 37/39 (S. 33), der Dornes Hof in der Schlumacherstraße (1458), der Schwans Hof, das von-Wickede-Stift, Glockengießerstraße, der Rosen Hof, Obertrave 29 und der Zöllners Hof (1622), Depenau 10/12.

Einige dieser Höfe sind als Stiftshöfe Ausdruck von Menschenliebe und Verantwortungsgefühl der Stifter, deren Namen sie tragen. Diese Höfe waren für die Armen, Witwen und Alleinstehenden gedacht und sicher auch, um das eigene Gewissen zu beruhigen.

Durch Sanierungsmaßnahmen sind diese Höfe nicht nur für die Bewohner angenehm geworden. Der interessierte Lübeckbesucher findet in ihnen Anmut, Reiz und immer wieder auch neue Fotomotive, da die meisten Höfe neben der Bausubstanz einen schönen Garten besitzen.

Auch die Stifte wie Ilhorn-Stift(S. 33), der Cranen-Konvent und Segebergs-Stift gehören in diese Gruppe der sozialen Einrichtungen für die Ärmsten der Armen.

Besonders hervorzuheben sind die Vorsteherzimmer dieser Stiftungen. Sie stellen ein besonderes Kleinod der Wohnkultur ihrer Entstehungszeit dar, z. B. das Vorsteherzimmer im Haasen Hof und im Füchtings Hof (oben).

*Traditionshand-
werker auf dem
„Markt anno dazumal".*

KARLHEINZ BIRR
KEW

Dankeschön

MUSEUM
und
PUPPEN-
THEATER
LÜBECK

sse „Hand-
und Hanse."

teinamerikanische
usikgruppe.

aßenmaler
Aktion.

storische Lübecker
lizeiuniform.

ierkasten-
eler.

n-Mann-Kapelle
Rathaus.

Breite Straße
und St. Jakobi.

Der Markt und das Rathaus

Der Markt ist der wirtschaftliche Mittelpunkt einer Siedlung mit Marktrecht. Gleichzeitig gruppiert sich um ihn oft die weltliche und rechtliche Macht mit ihren Gebäuden, so daß das Rathaus stets am Marktplatz steht und ästhetische Wirkung ausstrahlt (S.40). Das gilt auch für die Hansestadt Lübeck, an deren Marktplatz sich im Norden und Osten das Rathaus befindet und im Süden der neuerrichtete Kaak, eine schon im Mittelalter vorhandene Gerichtsstätte.

Das Lübecker Rathaus ist ein nach 1230 errichtetes Gebäude. Die Anfänge des Rathauses gehen zurück auf einen spätromanischen dreiteiligen Baukörper, die Gewandhäuser, die in späteren Jahrhunderten mit der Zunahme der politischen und wirtschaftlichen Bedeutung der Hansestadt erweitert wurden. Von 1298 bis 1308 folgte der in gotischem Stil erbaute Arkadengang (S. 41), wo das Niedergericht tagte, mit dem darüber befindlichen Langen Haus oder „Danzelhus“, dem Festsaal des Lübecker Rates. Anschließend folgt nach Süden das Neue Gemach oder die Kriegsstube(S.42), die von 1440 bis 1442 das Rathaus ergänzte, mit glasier-

Lübecker Rathaus mit Markttreiben.

Gotische Säulengalerie unter dem Langen Haus des Rathauses.

ten schwarzen und grünen Backsteinen und Türmchen, Blenden und Wappen verziert. Es ist eine sehenswerte, prachtvolle Schauwand, die zum Betrachten und Verweilen einlädt.
Im Jahre 1435 entstand auch die große Mauer mit den zwei Windlöchern (S. 40), die als marktseitige Verblendung der dem Markt zugekehrten Rathausgiebel diente. Später folgte aus gotländischem Sandstein der Bau der Renaissancelaube (1570/71), die die Nordseite des Marktplatzes abschließt und harmonisch in den Arkadengang des Danzelhauses übergeht.
Die Ostseite des Lübecker Rathauses in der Breiten Straße zeigt die prunkvolle Renaissance-Treppe von 1594. Sie ist funktionslos geworden, da sie zu der in der Palmsonntagnacht 1942 zerstörten Kriegsstube führte. Außerdem befindet sich nach Norden ein reich ausgestalteter Holzerker von 1586. Von außen sehenswert sind auch der bronzene Türklopfer von 1350/76 am Eingang mit der Darstellung des von den kirchlichen und weltlichen Kurfürsten umgebenen deutschen Kaisers. Die Beischlagwangen von 1452 an der Bank vor dem Eingang zeigen den Kaiser und einen Schweinstänzer, einen „wilden Mann". Im Rathaus sind die Einganghalle mit dem Treppenaufgang sowie der rechts vom Eingang befindliche spätbarocke Audienzsaal von 1754 bis 1761 mit den Landschaftsbildern und Rokokoausstattungen sowie der kostbaren Holzschnittarbeit der Tür sehenswert.
Im oberen Teil des Rathauses befindet sich der Bürgerschaftssaal und eine Sammlung von Bildern Lübecker Bürgermeister und Ratsherren, während im unteren Geschoß ein interessanter Ratskeller mit historischem Zubehör ist. Im Ratsbierkeller wurde nicht nur Bier ausgeschenkt, sondern auch der Lübecker Rotspon, ein Wein, der erst durch Lagerung in Lübeck seinen Geschmack erhält und eine lange Tradition in Lübeck hat.
Das Lübecker Rathaus gilt als Vorbild für den Rathausbau im Ostseeraum.

Holzerker von 1586 am Rathaus.

Der Kaak auf dem Markt ist heute ein Verkaufsstand . . .

. . . im Mittelalter war der Kaak eine Stätte niederer Gerichtsbarkeit.

Gotischer Schaugiebel der ehemaligen Kriegsstube.

Marktcafé vor der Rathauslaube.

Prunktreppe des Rathauses von 1594.

Die Kirchen und ehemaligen Klöster

Die Kirchen des Weltkulturguts Lübeck bestimmen seit dem Mittelalter von weitem das Stadtbild. „Die sieben Türme, Ausdruck sowohl religiöser als auch stolzen bürgerlichen Selbstbewußtseins, künden nicht nur von der Einigkeit und dem Opfersinn der Erbauer, sondern spornten spätere Generationen zu neuen Anstrengungen und Taten an" (Enns, 1982, S. 6). Die sieben Türme, die als Wahrzeichen der Stadt viele hundert Millionen Male auf den Lübecker Marzipanverpackungen von Niederegger für die Stadt werben und auch auf Schwartauer Erzeugnissen weltweit bekannt sind, gehören zu den beiden doppeltürmigen Kirchen des Doms und St. Marien und den eintürmigen Kirchen von St. Petri, St. Jakobi und St. Aegidien. Der von Westen auf Lübeck zureisende Besucher erblickt von links nach rechts St. Jakobi, St. Marien, St. Petri, St. Aegidien und den Dom, die sich alle stolz über das Stadtbild erheben und die Silhouette der Hansestadt bestimmen. Sie haben ganz wesentlich zur Anerkennung Lübeck als Weltkulturgut beigetragen.

Der Lübecker Dom und die Obertrave bei Hochwasser.

Triumphkreuz von Bernt Notke im Dom zu Lübeck.

Der **Dom** liegt als älteste Kirchengründung im Süden der Halbinsel im sog. Dombezirk. Den Grundstein legte Herzog Heinrich der Löwe im Jahre 1173. Im romanischen Stil als Basilika mit Lang- und Querschiff angelegt, veränderte der Dom sich im 14. Jahrhundert zu einer gotischen Hallenkirche mit zwei Seitenschiffen, einem gotischen Chor und einer mehreckigen Apsis. An der Nordseite ist das restaurierte Paradies als Eingang vorgebaut. Im Inneren zeigt sich der Lübecker Dom mit einem weißen Innenanstrich klar, nüchtern und sachlich. Als kunsthistorisch bedeutsame Sehenswürdigkeiten gelten das Triumphkreuz von Bernt Notke von 1477 und der dahinter stehende Lettner, die beide für den zum Altar tretenden Besucher der Domkirche wie eine Einheit wirken. Die Renaissancekanzel mit dem schmucken Eingang von 1731 ist sehenswert. Die Taufe befindet sich seit der Renovierung nach dem zweiten Weltkrieg in einer versenkten Runde hinter dem Lettner.

Im südlichen Mittelschiff gibt es einige Grabkapellen, von denen die von Quellinus die bekannteste Schöpfung ist. An den Säulen rechts und links des Triumphkreuzes hängen wervolle Altartafeln aus der Mitte des 15. Jahrhunderts. Neben dem Lettner steht die Altartafel, die Maria mit dem Einhorn (1506) zeigt. Das rechte südliche Ende des Lettners krönt eine reich verzierte Holzschnittarbeit mit einer Uhr.

Der Chor ist durch eine Glaswand von der Kirche abgetrennt. Sehenswert sind

Der Schutzpartron St. Blasius als Holzschnitzarbeit im Lettner der Hauptkirche.

Die Kanzel mit Schalldeckel des Doms.

Die Katharinenkirche in der Königstraße ist eine ehemalige Klosterkirche.

hier das Grabmal von Bischof Heinrich Bockolt, das er sich schon zu Lebzeiten anfertigen ließ, und an der Nordseite eine kunstvolle Grabplatte der Lübecker Bischöfe Mul und von Serken. Beachtenswert sind auch das ausgestellte Chorgestühl, der Altar und das gotische Gewölbe.

Die Domkirche hat eine Länge von 120 m und die aus Backsteinen errichtete Hallenkirche hat 120 m hohe Türme, die in einer Art spannendem Restaurationskrimi 1957 aus Trümmern erneuert worden sind. Eine Ausstellung im Nordturm macht den Wiederaufbau der Kirche deutlich. Die Nordwand zeigt ein riesengroßes Christopherusgemälde und die 1970 eingebaute Marcussen-Orgel.

Der Blick zum modernen Westfenster von Thomas Quinte geht an einem goldenen Löwen, einem Symbol für den Gründer, Herzog Heinrich den Löwen, und an dem großen Leuchter der Stecknitzfahrer vorbei. Diese hatten sich den Dom als ihre Kirche ausgewählt, denn ihr Wohnbezirk lag zwischen dem Dom und der Obertrave sowie der Effen- und Dankwartsgrube, wo viele städtebauliche Kostbarkeiten in den Gängen verborgen sind, z. B. der Blohms Gang, die Roß-Mühle, der Rosen Hof.

Die Macht der Kirche blieb aber auf den Dombezirk beschränkt. Dafür sorgten Rat und Bürger, die sich mit St. Marien ein eigenes Denkmal gesetzt haben.

St. Marien (S. 47) galt als die Ratskirche, obwohl diese stattliche Kirche in Wirklichkeit keine Ratskirche, sondern eine Bürgerkirche ist. Der Rat durfte aber seit dem Jahre 1284 den Pfarrer von St. Marien aus der Reihe der Domherren selber auswählen. Diese Kirche war nie Sitz eines Bischofs. Dafür ist sie zu einem Symbol bürgerlicher Tüchtigkeit geworden und in einem Bauwettstreit zwischen kirchlicher und weltlicher Macht entstanden.

Aus einer bereits 1163 erwähnten hölzernen Kirche entwickelte sich ab 1199 eine romanische eintürmige Basilika, die in der Zeit von 1251 bis 1350 zu einer dreischiffigen doppeltürmigen Backsteinkirche im gotischen Hallenstil umgebaut wurde. Vorbild war der französische Kathedralbau. St. Marien hat eine Länge von 104 m und die Türme haben eine Höhe von 125 bzw. 126 m. Sie übertreffen damit den Dom. Gleichzeitig ist St. Marien die höchste Kirche Schleswig-Holsteins. In Deutschland wurde sie erst im Jahre 1880 durch den Kölner Dom übertroffen. Die Gewölbe sind 38,5 m hoch und lagern auf 22 eindrucksvollen Pfeilern. Auch die Marienkirche ist eine architektonische Meisterleistung des Backsteinsakralbaus. Sie wurde zum Vorbild der Backsteinkirchen im Ostseeraum.

Zu den kunsthistorischen Besonderheiten in der Kirche zählen die Kapellen in den Seitenschiffen und der Chorumgang mit fünf Kapellen. Die Marietidenkapelle enthält einen vergoldeten Marienaltar, ein Antwerpener Doppeltryptichon von 1518. Er zeigt eindrucksvolle Bilder aus dem Leben der Maria.

Die Totentanzfenster im nördlichen Querschiff von Alfred Mahlau erinnern seit 1953 wieder an die Pest in Lübeck

St. Marien, von Osten gesehen, ist eine gotische Hallenkirche.

Der Marienaltar von 1518 ist ein figurenreicher Altar.

Der zugeklappte Marienaltar zeigt Malereien aus dem Leben Marias.

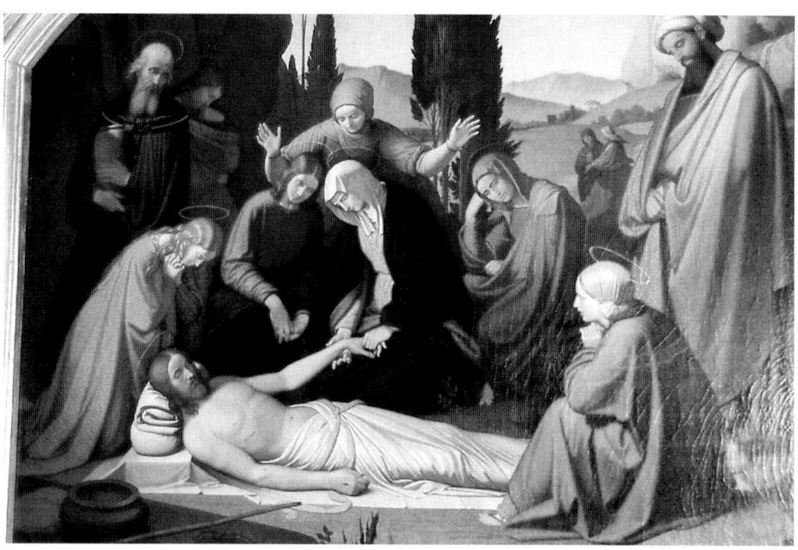

Gemälde „Die Beweinung des Leichnams Christi" von Friedrich Overbeck.

Das gotische Mittelschiff von St. Marien entstand von ca 1260-1350.

und einen verbrannten Wandfries. Ein besonderes Kunstwerk ist auch die astronomische Uhr. Im Altarraum ist nicht nur die moderne Ausstattung mit einem Kruzifix von Gerhard Marcks bedeutsam, sondern auch das ca. 10 m hohe reichverzierte Sakramentshäuschen von 1479 und die bronzene Taufe von 1337.

Im Südturm liegen die in der Palmsonntagnacht 1942 heruntergestürzten Glocken als Mahnung gegen sinnlose Zerstörung, während die Glocken der Kirche heute diejenigen von St. Marien aus Danzig sind. Hier befinden sich auch die Kirchenschätze Danzigs in der Lübecker Paramentenkammer unterhalb der Orgel an der Westseite. In der Nachfolge von Franz Tunder und Dietrich Buxtehude – auch Johann Sebastian Bach spielte in St. Marien – finden hier regelmäßig Orgelkonzerte statt, die daran erinnern, daß Lübeck schon lange eine berühmte Orgelstadt ist.

Der Wiederaufbau von St. Marien in den Jahren von 1948 bis 1952 war spannend wie ein Kriminalroman, wie Hasse (S. 10 f.) ihn beschreibt. Außerdem war die Ausmalung der Gewölbe und Obergaden der mittelalterlichen Malereien 1952 durch Fälschungen ins Zwielicht geraten. Diese Fälschungen sind aber schon lange wieder entfernt worden.

Von außen sind an St. Marien besonders die Trese, die Schatzkammer des Rates, rechts vom Eingang zu betrachten, die Molenkapelle in ihrer gotischen Bauweise, der neu geschaffene Dachreiter und die kühne gotische Konstruktion der Strebepfeiler, Spitzbögen und das Maßwerk, das die Backsteingotik kennzeichnen.

Von der Aussichtsplattform von St.Petri hat man eine gute Aussicht nicht nur über die Lübecker Innenstadt.

St. Petri liegt travewärts zwischen dem Dom und St. Marien als eintürmige Kirche auf einer Kuppe des Höhenrückens. Die Kirche wurde im 13. Jahrhundert als dreischiffige gotische Hallenkirche angelegt. Der Turm stammt aus dem Jahre 1225, wurde aber 1445 erhöht. Im 15. Jahrhundert wurde die Petrikirche als fünfschiffige Hallenkirche erweitert.
Der Petriturm dient seit Jahren als Aussichtsplattform, die mit dem Fahrstuhl zu erreichen ist. Der Ausblick aus ca. 50 m Höhe über Lübeck ist beeindruckend. Von diesem Turm hat man einen guten Blick über die Stadt mit ihren Altstadtvierteln und den Hafen. Besonders lohnenswert ist der Blick in Richtung Markt mit dem Rathaus und St. Marien sowie in Richtung Holstentor mit den sechs Salzspeichern.
Im Inneren zeigt sich St. Petri als sachlich weiße Restaurationsarbeit. Seit 1987 steht die Kirche der Öffentlichkeit für Ausstellungen und Konzerte zur Verfügung, was durch die Nähe zur Musikhochschule in der Großen Petersgrube mitbedingt ist.

Gotische Fenster an der Südseite von St. Petri.

Wendeltreppe und Lettner oder Singechor (oben) in St. Aegidien (rechts).

St. Aegidien ist die kleinste der gotischen Lübecker Kirchen. Sie wurde erstmalig im Jahre 1227 erwähnt und besteht aus einer dreischiffigen Hallenkirche mit einem Turm. Während das breitere Mittelschiff aus dem 13. Jahrhundert stammt, wurden die schmaleren Seitenschiffe im 14. und 15. Jahrhundert ergänzt.
Der Singechor, ein Lettner mit Apostelfiguren, ist ein Werk von Tönnies Evers dem Jüngeren von 1586/87, während der Altar aus dem Jahre 1701 und die Holzkanzel aus den Jahren 1706 bis 1708 stammen. Die Bronzetaufe entstand 1453, während der Taufdeckel 1709/10 geschaffen wurde.
Beachtenswert ist der schöne Orgelprospekt, die verzierte Ansicht der Orgel, aus dem Jahre 1628, die deutlich barocke Stilelemente trägt. In den Seitenkapellen haben sich noch die ursprünglichen Wand- und Gewölbemalereien erhalten. St. Aegidien liegt in einem anmutig-kleinstädtischen Kirchspiel mit malerisch um den ehemaligen Aegidienkirchhof gruppierten Gebäuden. Besonders hervorzuheben sind die westlich gelegenen Pastorenhäuser und die südlich der Kirche gelegenen ehemaligen Gebäude des Aegidien- und Segeberg-Konvents. Im ehemaligen Haus Schildstraße 20 wurde am 22. März 1663 der bekannte Theologe und Pädagoge August Hermann Francke geboren.

Das Burgtor im Norden der Innenstadt hat seine Funktion als Stadttor erhalten.

St. Jakobi befindet sich an der Südseite des Kobergs und ist die nördlichste eintürmige Kirche der Altstadt. Während die gotische Hallenkirche zum erstenmal schon im Jahre 1227 erwähnt wird, kommt es später zu einem völligen Umbau, nahezu einer Neuerrichtung. Dabei wurde auf Teilen der ursprünglichen Kirche aufgebaut. Anfangs als zweitürmige Kirche geplant, wurde St. Jakobi mit nur einem Turm vollendet. Dieser Turm trägt barocke Stilmerkmale, z. B. die Mehreckigkeit der Turmspitze und die vier Kugeln.

Die Innenausstattung von St. Jakobi ist für den Kunstinteressierten besonders interessant. Neben den eindrucksvollen Kapellen (Brömse-Kapelle von 1500 am Eingang) und den Schnitzereien des Gestühls, den Pfeilervertäfelungen und der außergewöhnlich gestalteten Wendeltreppe mit Portal von 1619 zum ehemaligen Lettner zeigt die Kirche einen barocken Hochaltar sowie eine wertvolle bronzene Taufe mit Deckel von 1466. Die Säulen zeigen Malereien aus dem 14. Jahrhundert, aber auch Reste von Malereien von 1130/40.

St. Jakobi ist auch die Kirche der Seeleute – Seefahrer und Fischer. Daran erinnert im Nordturm eine kleine Halle als Gedenkstätte für gesunkene Lübecker Schiffe, die Nachbarschaft zur berühmten Schiffergesellschaft (S. 16/17) und die Zugehörigkeit der Gothmunder Fischer (S. 72/73) zu diesem Kirchspiel.

Das Rettungsboot der 1957 gesunkenen Pamir ist hier ausgestellt, und an der Wand erinnern zwei Gemälde an historische Ereignisse lübischer Seefahrtsgeschichte.

Die Lübecker Orgelvielfalt findet in St. Jakobi ihren Höhepunkt. Drei Orgeln befinden sich in dieser Kirche. An der Westseite steht die Große Orgel aus dem 15. - 17. Jahrhundert. Sie ist ein Prunkstück mit ihrem außergewöhnlich gestalteten Orgelprospekt. An der Nordseite, dem Eingang gegenüber, überragt eine Stellwagenorgel das Seitenschiff. Eine dritte Orgel ziert die Südseite. Einer der Organisten dieser Kirche war Hugo Diestler.

St. Jakobi schließt mit seinen beiden mit Treppengiebeln versehenen Pastorenhäusern von 1601 die Südseite des Kobergs ab. Diesen Platz umgibt eine architektonisch beeindruckende Kulisse. Hervorzuheben ist „Dat Hogehus" an der Westseite und das Heilig-Geist-Hospital an der Ostseite. Neben dem Heilig-Geist-Hospital befindet sich in der Königstraße auch das Emanuel-Geibel-Denkmal (S. 67).

Neben diesen das Altstadtbild prägenden Turmkirchen gehören noch einige turmlose Kirchen von Bedeutung zur Altstadt des Weltkulturguts Lübeck. Das sind der ehemalige Gebetsraum des Heilig-Geist-Hospitals sowie die reformierte Kirche und St. Katharinen (S. 46), beide in der Königstraße gelegen.

Das Heilig-Geist-Hospital ist ein 1280 gegründetes und 1286 fertiggestelltes Hospital, das Bertram Morneweg, ein zu Reichtum gekommener Kaufmann, für Arme gegründet hat. Die Armen lebten in „Zellen" in dem hinteren 88 m langen Langhaus. Besonders im Vorbau, der den Insassen als Kirche diente, befindet sich eine kunsthistorisch wertvolle Ausstattung. Neben den sehenswerten Gewölben sind die Gewölbemalereien und Wandmalereien aus dem 13. und 14. Jahrhundert zu nennen, der ausgemalte Lettner gegenüber dem Eingang sowie die Altäre und Glasfenster links und rechts des Lettners. Nicht unerwähnt soll sein, daß das Altersheim schon lange aufgelöst worden ist und daß in der ersten Adventswoche in diesen Buden des Langhauses ein viel besuchter Adventsmarkt stattfindet. Zu beachten sind auch die eindrucksvollen Gewölbe unter dem Heilig-Geist-Hospital. In ihnen befindet sich eine Weinstube.

Auf dem Wege vom Heilig-Geist-Hospital nach St. Katharinen sieht der Besucher auf der rechten Seite in der Königstraße den klassizistischen **Bau der reformierten Kirche** mit strenger, sachlicher Fassade von 1824/26. Das Gebäude beherbergt einen stattlichen halbrunden Saal und diente im vorigen Jahrhundert vorübergehend als Sitzungssaal der Lübecker Bürgerschaft.

Das Heilige-Geist-Hospital mit dem Dach des sich anschließenden Langhauses, der ehemaligen Hospitalhalle. Malereien schmücken die Innenwände der ehem. Hospital Kirche.

St. Katharinen ist ein bedeutendes Bauwerk der Hochgotik.

St. Katharinen ist die Klosterkirche des ehemaligen Franziskanerklosters. Die Kirche wurde im Jahre 1225 gegründet. Sie zeigt als Kleinod der Backsteingotik seit 1360 eine asymmetrische Westfassade mit 16 Nischen. Im Laufe der Geschichte hatte diese Kirche immer wieder Schwierigkeiten, als Gotteshaus zu bestehen. So wurde sie z. B. während der Franzosenzeit als Pferdestall genutzt. Später wurde sie Depot für ausgediente Kunstgegenstände, und heute dient St. Katharinen als Museumskirche mit Wechselausstellungen z.B. für Plastiken. Die Restauration ist im Gegensatz zu der anderer Kirchen noch nicht abgeschlossen.
In der Kirche gehören zur Ausstattung eine Nachbildung des berühmten St. Jürgen des Holzschnitzers Bernt Notke und ein Tintoretto zugerechnetes Wandbild von 1575. Ein gemauerter Lettner mit Unterchor, mit wertvollen Schnitzereien versehenes Gestühl und ein spätgotisches Triumphkreuz von 1489 ergänzen die Kunstwerke.
Heftig umstritten war die Kirche im Dritten Reich. In den oben erwähnten Nischen der Westfassade sollten 16 Figuren von Ernst Barlach aufgestellt werden. Die Zahl wurde nicht erreicht; heute zieren drei Barlachfiguren (Frau im Wind, Bettler und Chorknabe) die Nischen. Die übrigen Plastiken stammen von Gerhard Marcks, der auch das Kruzifix in der Marienkirche gestaltet hat.

Die Hansestadt Lübeck hatte vor der Reformation vier Klöster, die nach der durch Bugenhagen eingeleiteten Reformation eine weltliche Verwendung fanden.

Das älteste Kloster war **St. Johannis**, das bereits 1177 zu Ehren des Evangelisten Johannes geweiht worden war. In diesem Benediktinerkloster lebten Mönche und Nonnen. Heute ist von diesem Kloster nur das Refektorium erhalten.

Das **Franziskanerkloster** befand sich seit 1225 neben der Katharinenkirche. Teile des ehemaligen Klosters befinden sich heute im Katharineum, einem Lübecker Gymnasium, und der Stadtbibliothek.

Das **Dominikanerkloster** (S. 65) entstand 1227 neben dem Burgtor. Es wurde als Einlösung eines Gelübdes anläßlich des Kampfes der Holsten und Lübecker gegen die Dänen am 22. Juli 1227 errichtet. Wegen Einsturzgefahr wurde die Maria Magdalena geweihte Kirche im Jahre 1819 abgerissen. Die Kunstwerke dieser Kirche dienten als Grundstock für das St.-Annen-Museum. Durch den Gerichts- und Gefängnisbau stark verkleinert, sind heute ein schöner Kreuzgang, die Sakristei, das Herrengemach sowie das Sommer- und Winterrefektorium erhalten geblieben. Es wurden Umbau- und Restaurationsarbeiten durchgeführt, um ein Museum einzurichten. Während die Umbauarbeiten abgeschlossen sind, wird die Restauration der Innenräume noch ca. fünf bis zehn Jahre dauern.
Gut erhalten sind die Kreuzgänge des ehemaligen Klosters, das nach der Reformation Hospital wurde. Besonders eindrucksvoll sind die Gewölberippen und die dazugehörigen Schlußsteine, deren farbige Fassungen im Original erhalten geblieben sind. Eine Wappentafel der ehemaligen Armenhausvorsteher ist sichtbar, wenn auch nicht vollständig. Ein halb erhaltener Mosaikfußboden ist wegen seiner besonders ideenreichen Gestaltung beispielhaft für Deutschland. Im Refektorium zeigen sie ein Thema aus dem Leben des Heiligen Dominikus und sind von C. F. Junge damals schon aus einem gegossenen Stein gearbeitet worden. Wie in der Eingangshalle sind auch im Refektorium wertvolle Kapitelle erhalten geblieben.

Ein weiteres Kloster, das **St. Annen Kloster** (S. 64), befand sich in der St.-Annen-Straße. Es handelte sich um eine spätmittelalterliche Anlage, die 1515 von Augustinnerinnen bezogen wurde. Zwei eindrucksvolle Kreuzgänge und zwei schöne Innenhöfe, in denen heute die Originalfiguren der Puppenbrücke von D. J. Boy untergebracht sind, sind erhalten geblieben. Von den einst zum Kloster gehörigen Räumen ist besonders der Remter beachtenswert. Das Kloster wurde nach der Reformation Armenhaus. Heute befindet sich hier ein sehenswertes kulturgeschichtliches Museum.

Die Stadttore und Befestigungsanlagen

Neben der Geschlossenheit der Bürgerhäuser und der Dominanz der Lübecker Kirchen stellen die Stadttore der Hansestadt ein wesentliches Element des Weltkulturgutes Lübeck dar. Sie gaben und geben schon von außen der Stadt Sicherheit und Geborgenheit, und die sich anschließenden Mauern unterstreichen dieses und geben der Hansestadt auch eine äußere Geschlossenheit. Zu den Befestigungsanlagen gehören neben den Stadttoren und der Mauer auch die schon erwähnten Wallanlagen.

Die Gesamtansicht Lübecks von Hartmann Schedel aus dem Jahre 1493, ein Jahr zuvor entdeckte Christoph Kolumbus Amerika, gibt die Ansicht von Osten wieder. Eine lange, hohe Mauer umgibt die mittelalterliche Stadtanlage. Heute sind nur noch spärliche Reste dieser die Stadttore einst verbindenden Mauern erhalten, und zwar an der unteren Hundestraße und „Am Sack". Teile dieser Mauer sind restauriert, während andere Mauerabschnitte modern ergänzt worden sind, um die alte Ansicht wieder anzudeuten.

Dieselbe Stadtansicht zeigt auch der bekannte und schon oft veröffentlichte Holzschnitt von Elias Diebel von 1552 (S. 18). Bei ihm wird aber deutlicher das alte Stadtbild hervorgehoben: Straßen, Gruben, Hausfronten, Kirchen und Stadttore.

Die Stadtseite des Holstentors trägt die lateinischen Initialen S. P. Q. L. Sie bedeuten „Senat und Volk von Lübeck . . . haben dieses Tor geschaffen."

Das Holstentor von der Feldseite mit St. Marien (links) und St. Petri.

CONCORDIA DOMI FORIS PAX
HEICK & SCHMALTZ

Von den einst drei Toren der Hansestadt sind zwei Tore erhalten geblieben, das Holstentor und das Burgtor. Das Mühlentor ist längst aus dem Stadtbild verschwunden, und am Hüxtertor, dem vierten „Tor“, gab es in historischer Zeit nur einen Durchlaß nach Osten.

Das **Holstentor** (S. 56/57) ist das weltbekannte westliche Stadttor mit den zwei wuchtigen Türmen. Einst ging der gesamte Verkehr von Westen durch dieses gut erhaltene Tor, während er heute am Holstentor vorbeiführt. Das zweitürmige äußere Stadttor wurde 1466 bis 1477 im Stil flandrischer Brückentore von Stadtbaumeister Heinrich von Helmstede entworfen. Das Gebäude wirkt kräftig und untersetzt, was seine Aufgabe, wehrhaft zu sein, unterstreicht. Es diente dem Schutz der alten Hansestadt und ist gleichzeitig ein Ausdruck hansischer Stärke. Das aus Backsteinen errichtete Gebäude wird durch zwei Terrakottenfriese untergliedert. Außerdem wird das kraftvolle Tor durch Mauerabsätze, Fenster, Geschütznischen, Giebelaufsatz, Windlöcher und kleine Türmchen aufgelockert. Als Verteidigungseinrichtung diente es der Sicherung der Traveüberquerung. Nachts wurde das mächtige Gatter herabgelassen, um unliebsame Eindringlinge auszuschließen.
Die Türme sind unten seitwärts ausgewichen und oben aufeinanderzu geneigt, so daß besonders von Süden ein „sehr schiefes Bild“ entsteht. Das einstige Torhaus im Renaissancestil wurde 1853 abgerissen und beinahe auch das Holstentor selber. Über der Toreinfahrt mit dem mächtigen Torgitter stehen die Worte „Concordia domi foris pax“ (Eintracht im Hause, außen Friede). Auf der der Stadt zugewandten Seite erkennt man die Buchstaben „1477 S P Q L 1871“ (Senatus populusque Lubencensis = Senat und Volk von Lübeck ... haben dieses Tor errichtet). Heute befindet sich in dem Holstentor, dem Wahrzeichen Lübecks, ein stadtgeschichtliches Museum.

Neben dem Holstentor stehen die bekannten ursprünglich als Heringsspeicher errichteten Salzspeicher aus dem 16. bis 18. Jahrhundert mit Staffelgiebeln, die wesentlich zum Stadtbild der westlichen Ansicht beitragen. Auf die Bedeutung dieser Gebäude weist eine Terrakottatafel an der Nordseite des Hauses neben dem Holstentor hin. Die Verbindung dieser Gebäude mit den Stecknitzfahrern wurde oben schon angedeutet.

Die **Wallanlagen im Westen** (S. 70) der Hansestadt dienten der Wehrhaftigkeit Lübecks. Diese Wallsysteme wurden in den Jahren 1621 bis 1641 errichtet und umgaben die Stadt von Norden über Westen nach Süden und Südwesten. In der Abbildung von Matthäus Merian von 1641 (S. 22) und von Werner um 1720 (S. 23) sind die Wallanlagen besonders eindrucksvoll dargestellt. Heute sind sie im Nordwesten abgetragen. Im Südwesten und Süden der Stadt bestehen sie auch heute noch. Im Jahre 1987 wurden die Reste der Lübecker Wallanlagen wegen ihrer historischen Bedeutung als Kulturdenkmal ausgewiesen.

Das **Burgtor** (S. 52) schließt im Norden die Altstadt mit einer mächtigen Burganlage aus dem 15. Jahrhundert auf älteren, aus dem 13. Jahrhundert stammenden Gemäuern ab. Hier mußte die schmale Landenge der Halbinsel abgeriegelt werden, um Feinden das Eindringen auf dem einzigen Landweg nach Lübeck unmöglich zu machen. Es ist auch der Ort „Buku“, auf dem nach der Zerstörung Alt Lübecks die Siedlung im Jahre 1143 neu entstanden ist. Aus dem Mittelalter sind noch der Burghof, Tor und Türme mit der Festungsmauer erhalten. Es ist eine massive, wuchtige Anlage, die als Stadtbefestigung und Tor die Verbindung nach Norden heute noch ermöglicht. Im Jahre 1444 wurde das Burgtor von Stadtbaumeister Nikolaus Peck vergrößert.
Die Stadtansicht von Osten von Hartmann Schedel von 1493 (S. 14/15) zeigt das Burgtor noch mit kegelförmiger Turmspitze, die auch auf den Befestigungstürmen der Mauer – nur etwas niedriger – stehen. Darüber hinaus vermittelt die Stadtansicht noch gotische Höhe. Auch auf Elias Diebels Stadtansicht von 1552 (S. 18) hat das Burgtor noch diese ursprünglich gestaltete Form.
Die heutige Turmhaube erhielt das Burgtor, das als einziges Stadttor seine gedachte Funktion auch bewahrt hat, erst im Jahre 1685. Die geschweifte Haube gibt dem Burgtor die oben hervorgehobene Wuchtigkeit.
Die Burg ist schon 1227 verschwunden, stattdessen folgte hier der Backsteinbau für das Kloster der Dominikaner als Dank für den Sieg über die Dänen. Ein vierflügliger Kreuzgang, gotische Wandmalereien, ein Kapitelsaal, eine mittelalterliche Fußbodenheizung sowie das Refektorium sind in der der Heiligen Maria Magdalena geweihten Klosteranlage erhalten geblieben. Später wurde ein Hospital an den Viereckbau des Klosters angebaut. Archäologische Grabungen brachten für die Geschichte Lübecks neue Erkenntnisse der frühen Zeit. Durch umfangreiche Restaurations- und Umbauarbeiten ist seit 1976 auf dem Gelände des ehemaligen Burgklosters ein stadtgeschichtliches Museum entstanden, das auch wechselnde Ausstellungen anbietet.
Besonders hervorzuheben ist, daß sich auch das alte Zöllner-Haus gut in die Burgtoranlage einfügt. An diesem Gebäude ist der Terrakottenfries sehenswert. Auf der anderen Seite der Großen Burgstraße führt stadtseitig der Eingang zur ehemaligen Burg, heute Jugendfreizeitheim. Im Fachwerk des Eingangs sind Holzschnitzereien zu bewundern, die lustige Musikanten und Masken zeigen.

Baustile in der Hansestadt

Da die Hansestadt Lübeck eine lange geschichtliche Entwicklung und nach den Feuerbrünsten von 1251 bzw. von 1276 auch eine durch den Backstein bedingte Baugeschichte hat, spiegelt sich dieses auch in den Häusern wider, die markante Ausprägungen unterschiedlicher Stilepochen mitgemacht haben. Dieses zeigt sich nicht nur stilmäßig an den Fassaden, sondern auch in der inneren Aufteilung und Ausgestaltung.

Die **Romanik** umfaßt die älteste Epoche der Baukunst von ca. 1000 bis 1250. Die Baukunst verwendete den für diese Epoche charakteristischen Rundbogen, Wölbungen, kompakte Baukörper und in der Kirchenbauweise die zweitürmige Basilika mit Querschiff und Vierung. Die Hansestadt Lübeck hat zu Beginn ihrer Baugeschichte den auslaufenden Stil dieser Baukunst noch kennengelernt und Baukörper bis zur Gegenwart erhalten:

- Längsschiff, Querschiff und Chorquadrat des Domes (1173)
- Rückgiebel der Löwenapotheke in der Dr. Julius-Leberstraße/Ecke Königstraße (1230)
- Nordteil des Rathauses

Die **Gotik** löst die Romanik ab und ist charakterisiert durch den Spitzbogenstil, hohe Fenster, Strebepfeiler und Strebebogen, Kreuzrippengewölbe, Betonung der Vertikalen und reichhaltige Formenfülle der Verzierungen:

- Seitenschiffe, Chor und Apsis sowie Paradies des Domes (1250)
- St. Marien (1350 vollendet)
- Nordflügel des Rathauses (1230)
- Ratskeller (ab 1230)
- Kanzleigebäude
- Heilig-Geist-Hospital (1280)
- St. Aegidien
- Holstentor (1469 - 1478)
- Burgtor (1444) und Burgkloster
- St. Katharinen, Königstraße/Ecke Glockengießerstraße (1360)
- St. Annen-Museum
- St. Jakobi mit zwei Orgeln der Spätgotik
- Vorderansicht der Löwenapotheke, Dr. Julius-Leber-Str. (1350)
- Bürgerhausfassade, Mengstr. 6, ehem. Fischstr. 19

Die **Renaissance** ist Ausdruck gesteigerter Ansprüche. Sie ist ein Wiederaufleben antiker Vorbilder in der Baukunst von 1500 bis 1620. Der Profanbau steht im Mittelpunkt mit viel Bauornamentik. Prunkvolle Portale, höhere Dielen und höhere Giebel, Terrakotten kennzeichnen diesen Stil:

- Sandstein-Laube des Rathauses auf der Marktseite (1570)
- Rathaustreppe in der Breite Straße (1594)
- Erker des Rathauses in der Breite Straße (1586)
- Kanzleigebäudefassade, Breite Straße/Ecke Mengstraße (1614 bzw. 1791)
- Tür des Audienzsaals im Rathaus (1573)
- Giebel der Schiffergesellschaft, Breite Straße
- Fredenhagenzimmer im Haus der Kaufmannschaft, Breite Straße 6 - 8, (1573 - 1585)
- Kanzel im Dom
- Zeughaus, Gr. Bauhof 12 (1594)
- Nordfassade des ehemal. Zeughauses, Gr. Bauhof 12, (Völkerkundemuseum) (1594) Parade
- Bürgerhaus mit Terrakottenfries, Mengstraße 50
- verschiedene Bürgerhäuser
- Bürgerhaus, Wahmstraße 29/37 und 54/56

Der **Barock** ist der Baustil zwischen der Renaissance und dem Klassizismus in der Zeit von 1600 bis 1770. Es ist ein Stil von üppiger Gestaltung und plastischer Fülle und reichem Zierat unterschiedlichster Bauelemente, so daß Pracht und Prunk sowohl an Sakral- als auch an Profanbauten zu finden sind. Als neue Errungenschaft gelten die Putzfassade, der Schweifgiebel und große Sprossenfenster:

- Bürgerhaus in der Gr. Petersgrube 21 (1776)
- Turm von St. Jakobi mit den vier Kugeln (17. Jahrhundert)
- geschweifter Helm des Burgtors (1685)
- Puppenbrücke von 1773 mit Figuren von 1778 (Duplikate 1985)
- Portal des Füchtings Hof
- Buddenbrookhaus, Mengstraße 4 (1758)
- Portal Mengstraße 66/70 und 48/50 (neues Schabbelhaus)
- Diele in der Königstraße 30
- Orgel in St. Aegidien (1625)
- Kanzel in St. Aegidien (1708)
- Füchtings Hof, Glockengießerstraße 23/27 (1639)

Der **Rokokostil** bildet die letzte Phase des Barock zwischen 1720 und 1780. Er bevorzugt leichte und flächige Formen mit spezieller Ornamentik aus Pflanzen und Früchten, Ranken und malerische Ausschmückung. Die Malerei von Innenräumen findet einen Höhepunkt:

- „Schloß“ oder „Palais“ Rantzau, Parade 1; Saal

Volksbank Lübeck
Landbank von 1902 eG

- Landschaftszimmer in der Gemeinnützigen, Königstraße 5
- Audienzsaal des Rathauses mit Rokokosofas und Malereien
- Bürgerhaus, Königstraße 81
- „Schloß" oder „Palais" Bellevue, Einsiedelstraße (1754)
- Große Petersgrube 23 (um 1780)

Eine der kolossalen Balustradenfiguren auf dem klassizistischen Behnhaus ist die mythologische Gestalt Hermes.

Der **Klassizismus** bemüht sich um die Nachahmung antiker Vorbilder in der Baukunst. Er umfaßt die Epoche von ca. 1770 bis 1830. Dieser Baustil führt in der Architektur zur Bevorzugung der Horizontalen. Die Fassade wird klar gegliedert, schlicht, übersichtlich und symmetrisch. Alles zeigt Harmonie. Die Fenster sind hoch gestaltet; ein Dreiecksgiebel schließt die Fassade häufig vor der oft horizontalen Begrenzung der Oberseite der Fassade ab:
- Behnhaus, Königstraße 11 (1780 - 1800)
- Reformierte Kirche, Königstraße (1826)
- Geibels Wohn- u. Sterbehaus, Königstraße 12 (1804)
- weitere Gebäude in der Königstraße 5 - 23
- Dat Hogehus, Koberg 2
- Tür und Oberlicht, Königstraße 30
- Haus, Aegidienstraße 22
- Bürgerhaus, Gr. Petersgrube 19 (1824/1825)
- Standesamt, ehemal. Lindesche Villa, Ratzeburger Allee 16

In der **Neugotik** werden gotische Formen in der Baukunst um 1900 wieder verwandt. Der Baustil findet besonders in der Errichtung öffentlicher Gebäude Anwendung:

s Buddenbrookhaus
rde durch Th. Manns
nan „Buddenbrooks"
tbekannt.

- Postamt am Markt vor dem Umbau (1880/1950)
- Turnerschaftshaus, Mühlenstraße
- Gerichtsgebäude, Gr. Burgstraße (1894)
- Ostflügel des Rathauses
- Untertrave 55 (1876)
- Parade 1, Gebäude (1858)

In der **Gründerzeit** entstehen prachtvolle Villen und Sommerhäuser in den Vorstädten. In der Altstadt zeigen sich einige Gebäude dieser Zeit zwischen der Musterbahn und dem Mühlenteich, die Ausdruck eines wirtschaftlichen Aufschwungs sind.

Mit dem **Jugendstil** bezeichnet man in Deutschland die Stilrichtung von ca. 1895 bis zum Ausbruch des Ersten Weltkrieges. Dieser neue Stil wirkte sich auch auf die Architektur aus und ist eine Antwort auf den Historismus des auslaufenden 19. Jahrhunderts, der als Vorgängerepoche z. B. die strengen neugotischen Formen ausgebildet hat. Im Jugendstil entstand in der Innenstadt Lübecks unter anderem das Theater (1908) in der Beckergrube. Da die Innenstadt in dieser Epoche schon lange ausgebaut war, findet der Jugendstil hier kaum eine Ausprägung. Einige Ansätze für diesen Stil gibt es in den Vorstädten, wo man besonders Flächen- und Giebelgestaltungen, Blatt- und Blumenornamente, Balkonverzierungen und Türgestaltungen im Jugenstil entdecken kann. Der Jugendstil führt hin zur Sachlichkeit und bereitet als Übergangsstil die Entwicklung zur modernen Architektur vor.

Diese Übersicht über die verschiedenen Baustile in der Hansestadt Lübeck soll dem interessierten Lübeckbesucher als Orientierungshilfe dienen. Sie beansprucht nicht, eine systematisch vollständige Auflistung des Weltkulturdenkmals zu sein. Diese Zusammenstellung berücksichtigt nur eine Auswahl über die wichtigsten Gebäude mit ihrer Stileinordnung

Die ehemalige Lindesche Villa in der Ratzeburger Allee 16 ist heute Standesamt.

Die Museen

Nicht nur das äußere Erscheinungsbild der Altstadt macht das Kulturdenkmal aus. Auch das kulturelle Leben (Theater, Konzerte, Lesungen) und die kulturell bedeutsamen Einrichtungen prägen ein Kulturgut und erhöhen den Wert des Kulturdenkmals. Das kulturelle Erbe wird in diesen Einrichtungen aufbewahrt und der interessierten Öffentlichkeit zugänglich gemacht.
Neben dem Amt für Vor- und Frühgeschichte, das z. B. für die Großgrabung zwischen Fisch- und Alfstraße zuständig ist und sich besonders um die Erforschung von Lübecks Untergrund bemüht, unterhält die Stadt ein Museum für Kunst- und Kulturgeschichte, das mehrere Häuser zu verschiedenen Themenkomplexen besitzt und der Öffentlichkeit zugänglich macht.

St.-Annen-Museum, St. Annenstraße 15.
In einem spätgotischen Klosterbau mit zwei Innenhöfen und Kreuzgängen aus dem 16. Jahrhundert untergebracht, umfaßt die Sammlung einen umfangreichen kirchlichen Kunstbesitz aus dem Mittelalter. Altäre, Skulpturen, Gemälde und Metallbearbeitung füllen Wände, Gänge und Räume. Unter anderem hat die Sammlung einen von Hans Memling 1491 fertiggestellten Altar sowie eine Plastik des St. Jürgen im Kampf mit dem Drachen von Henning von der Heide und Arbeiten von Bernt Notke u. a. Außerdem bewahrt das St.-Annen-Museum im Obergeschoß eine Sammlung bürgerlicher Wohnkultur mit einer großen Diele, bemalte Wandpaneelen und eine reichverzierten Decke. Die Sonderabteilun-

Die Originalfiguren der Puppenbrücke (1774/76) von D.J. Boy stehen zum Schutz in einem Innenhof des St.- Annen- Museums.

Das St.-Annen-Museum beherbergt eine sehr sehenswerte kunst- und kulturgeschichtliche Sammlung.

gen zeigen Fayencen, Glas, Keramik, Silber und Porzellan sowie eine Spielzeugsammlung. In der Eingangshalle hängt die bekannte Lübecker Stadtansicht von Elias Diebel.

Museum Behnhaus, Königstraße 11.

In einem klassizistischen Gebäude (S. 29 u. 61) befindet sich eine Gemälde- und Skulpturensammlung des 19. und 20. Jahrhunderts. Ein Schwerpunkt liegt in Werken aus der Romantik, z. B. Friedrich Overbeck. Das 20. Jahrhundert ist vertreten durch Gemälde und Skulpturen von Barlach, Beckmann, Corinth, Kirchner, Kokoschka und Lehmbruck, Duwe und Jochims u. a. Dieses Museum arbeitet eng mit der Overbeck-Gesellschaft, einem Verein von Kunstfreunden, zusammen. Im Gartenpavillon finden regelmäßig Wechselausstellungen moderner Kunst statt. Außerdem werden Vorträge und Kunstreisen durchgeführt und Jahresgaben herausgegeben.

Museum Drägerhaus, Königstraße 9.
Das Museum befindet sich in einem von Stadtbaumeister Soherr in der zweiten Hälfte des 19. Jahrhunderts umgebauten Kaufmannshaus. Es umfaßt eine kulturgeschichtliche Sammlung mit Werken aus dem 19. Jahrhundert mit Gemälden, Graphiken sowie Sammlungen von Möbeln und Zimmereinrichtungen. Außerdem enthält das Museum eine ständige Ausstellung von Lübecker Persönlichkeiten. Der besondere Schwerpunkt liegt bei Heinrich und Thomas Mann, deren Leben, Werk und Beziehung zu Lübeck dokumentiert wird.

Museumskirche St. Katharinen, Königstraße.
Die für die Lübecker Backsteingotik beispielhafte Basilika (S. 54) wird als Museum für Skulpturen genutzt. Zur ursprünglichen Ausstattung gehören das Chorgestühl, Epitaphien und Wandmalereien, z. B. das Tintoretto zugeschriebene Gemälde „Auferweckung des Lazarus". Außen sind die Figuren von Ernst Barlach (1930 - 32) und Gerhard Marcks (1947 - 49) in einigen Nischen der Westseite untergebracht.

Museum im Holstentor, Holstentorplatz.
Das stadtgeschichtliche Museum im berühmten ehemaligen Stadttor (S. 55),

dem Wahrzeichen von Lübeck, umfaßt eine Dauerausstellung von musealen Stükken und Ausgrabungen in Alt-Lübeck und der Lübecker Altstadt. Außerdem befinden sich Schiffsmodelle, der „Adler“ von Lübeck, und eindrucksvolle Stadtmodelle sowie eine Folterkammer mit Zubehör und eine Waffensammlung in diesem Museum.

St. Petri, Holstenstraße.
Die fünfschiffige Kirche (S. 50) ist seit 1987 für die Öffentlichkeit wieder zugänglich für Kunstausstellungen und Konzerte. Von einer Plattform auf dem Petriturm, die man mit einem Fahrstuhl in der Frühlings- und Sommerzeit erreichen kann, hat man eine vortreffliche Aussicht über die Altstadt.

Museum im Burgkloster, Hinter der burg.
In dem ehemaligen Kloster, das zur Zeit umgebaut und restauriert wird, entsteht ein neues stadtgeschichtliches Museum mit Bezug zur Hansezeit. Während die Umbauarbeiten beendet sind, wird die Restaurierung fortgesetzt und noch lange dauern. Die ersten Ausstellungen konnten im Burgkloster inzwischen stattfinden.

Im ehemaligen Dominikanerkloster, auch Burgkloster genannt, finden kunst- und kulturgeschichtliche Ausstellungen statt.

Der Vollständigkeit wegen sei erwähnt, daß Lübeck noch weitere Museen besitzt, und zwar das Völkerkunde-Museum, Großer Bauhof 12, und das Puppen-Museum, Kleine Petersgrube 4 (im St.-Jürgen-Gang), und ein Naturhistorisches Museum am Dom. Auch das Lübecker Rathaus besitzt viele stadtgeschichtliche Sehenswürdigkeiten bis hin zum Mittelalter. Es ist zwar kein Museum, kann aber bei Führungen besichtigt werden.

Das Marionettentheater ist bei alt und jung sehr beliebt.

Lübecker Schriftsteller

Die Hansestadt Lübeck hat einige literarische Persönlichkeiten hervorgebracht bzw. an sich gezogen. Geborene Lübecker, die das literarische Leben bereicherten, waren neben Hans Calm, Gustav Falke und Emanuel Geibel besonders Heinrich und Thomas Mann. Angezogen von Lübeck und auf literarische Höhen gebracht wurden neben Ida Boy-Ed vor allem Otto Anthes.

Hans Calm wurde im Jahre 1858 in der Fleischhauerstraße 150 (heute Nr. 78) geboren. Nach dem Schulbesuch und einer kurzen Phase als Küsterjunge an der Marienkirche wurde er Lehrerlehrling in einer dreiklassigen Volksschule vor dem Holstentor. Aber schon nach etwa zwei Jahren verließ er diesen Beruf, um Schauspieler zu werden. Viele Rollen, unter anderem die von Fritz Reuters „Onkel Bräsig" und die des Nathan in Lessings Drama, machten ihn in ganz Deutschland bekannt. Sein Leben schrieb er in dem 1928 veröffentlichten Buch „Freud und Leid einer Jugendzeit" nieder, das später auch unter dem Titel „In Lübeck stand mein Vaterhaus" Verbreitung fand. Das Buch wurde als ein Anti-Buddenbrooksbuch bezeichnet, das im Gegen-

Thomas Mann hat Lübeck in die Weltliteratur eingeführt.

Für seinen Roman „Buddenbrooks" erhielt Thomas Mann 1929 den Nobelpreis.

satz zu Thomas Manns Werk das Leben der kleinen Leute im Lübeck des 19. Jahrhunderts beschreibt.

Größere Bedeutung in der Literatur erreichte **Gustav Falke**, der 1853 in der Hansestadt geboren wurde. Sein autobiographisches Werk „Die Stadt mit den goldenen Türmen" beginnt mit den Zeilen „In Lübeck bin ich geboren, im Schatten von Sankt Marien. Es war in meinem achten Jahre, als sich meiner kindlichen Seele die Vaterstadt in einem unauslöschlichen Bilde einprägte, und immer leuchtender wurden mit der Zeit seine Farben, so daß es über ein bloßen Abbild meiner irdischen Geburtsstätte weit hinauswuchs und zum Symbol einer himmlischen Heimat erblühte, der mein Sehnen und Suchen galt."
Gustav Falke besuchte wie Heinrich und Thomas Mann sowie Emanuel Geibel das Lübecker Katharineum, wurde Buchhändler und Klavierlehrer, um sich schließlich in Hamburg als Schriftsteller niederzulassen. Besonders als Lyriker und Erzähler hat er sich einen Namen gemacht und ist in die Literaturgeschichte eingegangen.

Emanuel Geibel wurde in Lübeck im Jahre 1815 in der Fischstraße 25 geboren. Er studierte Germanistik und wurde 1852 Professor für Literatur in München. Er kehrte 1868 nach politischem Streit – er hatte in Bayern dem König von Preußen ein Gedicht gewidmet und sich zu ihm und Preußen bekannt – nach Lübeck zurück und wohnte zunächst in der Breiten Straße 8 und von 1880 - 1884 in der Königstraße 12, wo eine Gedenktafel an ihn erinnert. Unweit seines Sterbehauses steht neben dem Heilig-Geist-Hospital ein übergroßes Denkmal des auf dem Burgtorfriedhof dieser Stadt gebetteten Dichters. Geibel war Lyriker von äußerster Präzision. Viele seiner Gedichte sind vertont worden und bekannte Volkslieder geworden, z. B. „Wer recht in Freuden wandern will" und „Der Mai ist gekommen". Geibel war schon zu seinen Lebzeiten ein vielgelesener Autor.

Emanuel Geibel war der bedeutendste Lyriker des 19. Jahrhunderts.

Heinrich Mann, der ältere Bruder von Thomas Mann, wurde 1871 in der Hansestadt geboren. Er wurde Buchhändler und Schriftsteller. Während er sich in der Frühphase seines Schaffens dem Schönheitskult der Renaissance widmete, entwickelte er sich nach der Jahrhundertwende zu einem scharfen Kritiker und Satiriker. Seine bedeutendsten Werke sind „Der Untertan" und „Professor Unrat". Letzteres erlangte durch die Verfilmung als „Der blaue Engel" mit Marlene Dietrich Weltruhm. Im Jahre 1933 emigrierte er, ging nach Kalifornien, wo er 1950 verstarb. An Heinrich Mann erinnert in der Breiten Straße 52/54 (Commerzbank) eine Gedenktafel.
Während Heinrich Mann den Bezug zu seiner Geburtsstadt schon früh verlor, behielt ihn sein 1875 geborener Bruder **Thomas Mann**, persönlich und literarisch. Er gilt als der repräsentativste moderne deutsche Schriftsteller. Neben seinen Themen Verfall des Bürgertums („Buddenbrooks"), Gegensatz von Kunst und Leben („Tonio Kröger") und Grundlagen der menschlichen Existenz („Tod in Venedig") verstand es Thomas Mann auch mehrfach, seine Vaterstadt in seine Romane und Erzählungen einzuflechten, z. B. „Buddenbrooks" und „Tonio Kröger". Für seinen Roman „Buddenbrooks" von 1901 wurde dem Schriftsteller im Jahre 1929 der Nobelpreis für Literatur verliehen (S. 66). Weitere bekannte Werke dieses Autors sind „Königliche Hoheit", „Lotte in Weimar", „Bekenntnisse des Hochstaplers Felix Krull" und „Doktor Faustus". Mehrere seiner Romane sind verfilmt worden, zum Teil in Lübeck. An Thomas Mann und sein Großelternhaus erinnern das Buddenbrookhaus (S. 60) in der Mengstraße 4 und eine Stele in der Beckergrube/Ecke Breite Straße, wo sein Elternhaus stand. Im Mai 1993 soll im Buddenbrookhaus eine Mann-Forschungsstelle vom Bundespräsidenten eingeweiht werden.

Wirtschaft

Lübeck ist seit dem Mittelalter eine bedeutende Hafen- und Handelsstadt. Als Mitglied und später auch als dynamische Kraft des Hansebündnisses wurde die Stadt auch liebevoll „Königin der Hanse“ bezeichnet. Diese Hanse hatte im Mittelalter eine vorherrschende Stellung im Ostsee- und Nordseeraum. Hansekoggen fuhren die Handelsgüter nach Norwegen, Schweden, Rußland, und England. Aus Lüneburg gelangte das Salz über die historische Salzstraße und ab 1398 auch über den Stecknitzkanal nach Lübeck, wo es in den Salzspeichern an der Trave neben dem Holstentor gespeichert und für die Verarbeitung in den hansischen Norden gebracht wurde.

Seit dem Mittelalter gibt es auch einen Handel mit Wein aus Frankreich und Spanien, der in Lübeck gelagert wird und zur Reife gelangt, um schließlich als Lübecker Rotspon im Glas der Verbraucher genossen zu werden. Bekannte Weinhandlungen mit sehr alter Tradition sind die Firmen C. Tesdorpf und von Melle.

Weit hinaus über die Grenzen bekannt ist das Lübecker Marzipan, das von der Firma Niederegger hergestellt wird. Das Verkaufszentrum dieses Unternehmens befindet sich in der Breiten Straße gegenüber dem Rathaus. Aber auch die

Die Flenderwerft ist ein wichtiger Wirtschaftsfaktor der Hansestadt Lübeck.

Frachter und Schlepper im Wallhafen.

Firmen Mest und Erasmi & Carstens sind weitere Hersteller dieses begehrten Erzeugnisses.
Wirtschaftlich bedeutsamer ist Lübecks Funktion als Hafenstadt. Lübeck hat sowohl einen Industriehafenkomplex als auch einen Fährhafenkomplex, bestehend aus mehreren Seehafenbecken bzw. mehreren Fähranlegern.
Die Seehafenbecken dienen unter anderem als Getreide-, Kohle-, Erz-, Holz- und Ölumschlaghafen, aber auch zum Umschlagen von Steinen und Erden, die zum Teil auf kleinen Europakähnen auf dem im Jahre 1900 eröffneten Elbe-Lübeck-Kanal ins Binnenland verfrachtet werden.
Die Hafenstadt mit der Kanalanbindung und den guten Eisenbahnanschlüssen entwickelte beiderseits der Trave eine Industriegasse. Neben der großen Schiffswerft Flender (S.68) gibt es in Herrenwiek noch das Lübecker Hochofenwerk, das aber abgerissen wird.
Im Ortsteil Dänischburg befindet sich auch ein Keramikwerk von Villeroy & Boch, das für die Lübecker Wirtschaft von großer Bedeutung ist. Ein Holzimporteur hat sowohl im Stadtteil Schlutup ein großes Holzlager als auch traveaufwärts. In Schlutup gibt es mit der Firma Pfleiderer auch ein Holzverarbeitungsunternehmen, das sich auf Druckimprägnierung spezialisiert hat. Der Ort ist auch als Standort für Fischverarbeitung überregional bekannt, z. B. durch Hawesta-Konserven.
Traveaufwärts befindet sich im Gewerbegebiet am Glashüttenweg die Verpackungsfirma Schmalbach-Lubeca; und im Vorwerker Hafen erkennt man die riesigen Getreidesilos. Dahinter befindet sich mit der Firma Lühofa eine weitere holzverarbeitende Fabrik.
Am Konstinkai Nord überragen auf der rechten Traveseite die Mühlenwerke und Speicher der Firma Brüggen die Lagerschuppen an der Trave, während gegenüber mit der Firma Orenstein & Koppel eine Spezialfirma für Kranbau mit weltweiter Bedeutung ihren Standort hat.
Als Fährhafenstandort hat die Hansestadt Lübeck im Ostseeraum eine führende Position. Von Travemünde aus führt der Personenfährverkehr von acht Anlegern nach Skandinavien, nach Schweden und Finnland.
Außerdem gibt es einen 1992 eingeweihten altstadtnahen Fährhafenanleger nach Malmö in Schweden, der sich besonders der Beförderung von Touristen in das von der UNESCO anerkannte Weltkulturerbe verschrieben hat.
Vom Nordlandkai, der im Norden der Innenstadt an der Trave liegt, fahren Massengutfrachter und Containerschiffe nach Skandinavien. Ein neuer Hafen entsteht im Ortsteil Schlutup.
Ein Lübecker Spezialunternehmen ist die Firma Baader. Dieses Unternehmen produziert Fischentgrätungsmaschinen, die in vielen Fischfabriken der Welt Anwendung finden.
Das Dräger-Werk ist Lübecks größter Arbeitgeber. Das Werk ist spezialisiert auf Medizin- und Tauchtechnik, Druckgas- und Atemtechnik sowie Gasmeßtechnik. Auch die Geräte dieses Unternehmens genießen Weltruf.
Das bedeutende Unternehmen Possehl & Co handelt als Erzkontor, Hafen- und Umweltschutzbetrieb, als Kies- und Stahlhandel sowie mit Polymerchemie und ist auch in anderen wirtschaftlichen Unternehmungen beteiliegt.
Außerdem gibt es am Stadtrand ein modernes Technikzentrum Lübeck (TZL) eine Gründung von 50 Unternehmen

Kräne beim Verladen von Holzspänen im Hafen.

der Stadt und der Industrie- und Handelskammer. Gewisse Bedeutung für die Wirtschaft, bestimmt aber für den Sport, hat der Flughafen im Ortsteil Blankenesee.
Für das wirtschaftliche und für das geistige Leben wichtig sind die Medizinische Universität und die Fachhochschule in der Hansestadt. Als Forschungszentrum gibt es auch ein Medizinisches Laserzentrum Lübeck (MLL) in der Nachbarschaft der Medizinischen Universität Lübeck (MUL).
Seit der deutschen Vereinigung hat die Grenzstadt der alten Bundesrepublik durch die Öffnung der Grenzen ihr altes Hinterland wiedererhalten. Dies und der Bau einer neuen Autobahn (A 20) durch Mecklenburg-Vorpommern werden auch für die wirtschaftliche Entwicklung der Hansestadt von Bedeutung sein.
Jährlich im Frühling findet die Messe „Handel und Hanse“, die wichtige wirtschaftliche Impulse gibt, statt.

Soziales

Erfolgreiches Wirtschaften ist die Voraussetzung für soziales Handeln. Nur wo viel Geld vorhanden ist, kann auch an die Versorgung armer Menschen ausreichend gedacht werden. Der Gedanke der Altersversorgung wurde auch von wohlhabenden Lübecker Kaufleuten im Mittelalter in die Tat umgesetzt. Die Besiedlung Lübecks führte schon im Mittelalter zur Ausbildung unterschiedlicher sozialer Viertel. Zwischen der Holstenstraße, dem Rathaus und der Beckergrube befand sich Lübecks Kaufmannsviertel, das 1942 zerstört wurde. Im Osten der Stadt lag das Handwerkerviertel, dessen Kleinhausstruktur noch heute zu erkennen ist. Im Süden war der Dombereich mit der Domfreiheit als Pfaffenviertel, begleitet von einigen für die Kirche arbeitenden Handwerksbetrieben. Im Südwesten unterhalb des Domes zur Trave hin breitete sich das Stecknitzfahrerviertel aus.

Als die Bebauung geschlossener wurde, durchbrach man die Häuser von der Straßenseite mit Gängen und errichtete im hinteren Teil der Grundstücke sog. Ganghäuser und Höfe, um ärmeren Bewohnern der Stadt Wohnraum zu schaffen. Sicher war dieses mittelalterliche „Wohnraumprogramm" weniger sozial als wirtschaftlich gedacht. Trotzdem half es, Not zu lindern (S. 31f).

Die erste richtige soziale Einrichtung Lübecks war das um 1280 errichtete

Die mit Bäumen bestandenen Wallanlagen sind Naherholungsräume für die Innenstadtbewohner. Seit 1987 stehen die Reste der Wallanlagen unter Denkmalschutz.

Heilig-Geist-Hospital (S 53). Es diente über Jahrhunderte als Heim für Alte und Kranke. Um 1820 erhielt der Großraum des Langhauses viele kleine Buden, die ehemalige Privatquartiere der Bewohner darstellen. Heute werden diese Buden nur noch während der Adventszeit als Verkaufsstände während des jährlichen Adventsmarktes genutzt. Fast ebenso alt ist der im Jahre 1283 von Willikinus Crane gestiftete ehemalige Cranen-Konvent in der Kleinen Burgstraße. Diesem alten Gebäude sieht man an seinem Baustil noch die in der gotischen Stilepoche errichtete Fassade an.
Eine andere soziale Einrichtung im alten Lübeck sind die Gotteskeller. Vor der bekannten Schiffergesellschaft (S.16) befindet sich rechts vor dem Eingang ein kleines Vorhaus mit einer in einen Kellerraum führenden Treppe. Diesen überließen die Schiffer ihren ausgedienten Dienstleuten kostenlos, nämlich für Gotteslohn, zu Wohnzwecken. Einige Gänge und Höfe in der Altstadt wurden als Stiftungen von reichen Kaufleuten für ihre Hinterbliebenen angelegt. Es war die verantwortungsvolle Sorge dieser reichen Bürger für die nach dem Tode alleingelassenen Verwandten. An der Größe und Ausstattung konnte man auch die soziale Bedeutung ablesen. Der bekannteste dieser Höfe ist der von Ratsherr Johann Füchting und seiner Frau Margarete 1639 gestiftete und nach ihnen benannte prunkvolle und geräumige Füchtings Hof in der Glockengießerstraße 25 (S. 34 u. 36). Hier in dieser Straße Nr. 49 liegt auch der einfachere Glandorps Hof (S. 35), während der von einer Frau gestiftete Haasen Hof (S. 33) in der Dr.-Julius-Leber-Straße 37 - 39 steht.
Die Gänge wiederum waren einfachere soziale Einrichtungen, z. B. der Glandorps Gang neben dem oben erwähnten Glandorps Hof, der von-Höveln-Gang (S. 34) und andere. Manche dieser Gänge waren zunächst Wohngänge, deren Einnahmen der Witwe des Stifte dienten. Erst nach ihrem Tode wurde das Anwesen in ein Stift umgewandelt und

Lübeck ist Standort einer Musikhochschule. Eine Musik- und Kongreßhalle (Muk) ist im Bau.

diente sozialen Zwecken, z. B. der Glandorps Gang.
Auch Stifte dienten den ärmeren Lübeckern. Einige dieser Einrichtungen wurden von den Bruderschaften eingerichtet, z. B. das Ilhorn Stift (S. 33). Auch in dem schon als Konvent erwähnten Altersheim von W. Crane lebten ärmere Lübecker, und zwar Frauen. Diese waren häufig auch in Beginen-Konventen, von denen es in Lübeck fünf gab, untergebracht. In diesen Einrichtungen führten die Insassen ein halbklösterliches Leben.
Frauen aus vornehmem Stande gingen häufiger auch in ein Frauenkloster, z. B. das St.-Johannis-Jungfrauenkloster oder in das erst 1515 eingerichtete St.-Annen-Kloster (S. 50). In der Nachreformation übernahmen diese Einrichtungen verstärkt soziale oder medizinische Fürsorge (S. 50). Im ehemaligen Dominikanerkloster am Burgtor wurden nach der Reformation Wohnungen für Mittellose eingerichtet. Am Domkirchhof gab es noch im 19. Jahrhundert ein Waisenhaus, und im ehemaligen St.-Annen-Kloster wurden später arme und kranke Kinder betreut.
Eine besondere Verantwortung für die sozialen Belange der Stadt im 19. Jahrhundert übernahm die vor über 200 Jahren gegründete „Gesellschaft zur Beförderung gemeinnütziger Tätigkeit“. Ihrer Initiative verdankt Lübeck viele soziale, kulturelle und wirtschaftliche Einrichtungen.
Heute unterhält die Hansestadt Lübeck neben mehreren privaten Altersheimen neun Alters- und Pflegeheime, zwei städtische und zwei private Krankenhäuser. In den alten Stiftshöfen und -gängen wohnen alleinstehende ältere Lübecker in Ruhe und Abgeschiedenheit mitten in der Stadt – wenn nur nicht so viele Touristen zu den unmöglichsten Zeiten kommen würden!

Außerhalb der Innenstadt

Die Hansestadt Lübeck ist nicht nur wegen ihrer Altstadt ein besonders schätzenwertes Kulturgut. Auch das historische Umfeld zeigt eine breite Palette historisch bedeutsamer Stätten. Sie sind Zeugen der Geschichte von den Anfängen der Besiedlung über die gemeinsame Besiedlung durch die Wenden im Anschluß und als Auswirkung der Völkerwanderung bis hin zur Kolonisationsphase durch die Schauenburger sowohl im weiten Stadtbereich als auch über die Grenzen des Stadtkreises Lübeck hinaus.

Innerhalb der Grenzen der Hansestadt liegt an der Mündung der Schwartau in die Trave die schon erwähnte Siedlung von Alt Lübeck (S. 21), die von Bad Schwartau bzw. von Dänischburg aus zu erreichen ist und unter Denkmalschutz steht. Zu erkennen sind der slawische Ringwall, das Kirchenfundament und der Burgplatz.

Traveabwärts befindet sich die alte versteckt gelegene Fischersiedlung Gothmund. Selbst Napoleons Truppen sollen diese Siedlung an der Trave nicht gefunden haben, als sie im Jahre 1806 die Stadt besetzten.

Bei Waldhusen ist eine bedeutende bronzezeitliche Grabstätte, das Waldhusener Hünengrab zu besichtigen. In unmittelbarer Nähe überragt der Pöppendorfer Ringwall, eine ca. 100 m im Durchmesser große wendische Burganlage von ca. 1000 n. Chr., die umlie-

Das Fischerdorf Gothmund liegt nördlich der Innenstadt an der Trave.

Viele der Fischerhäuser in Gothmund haben Reetdächer.

6V1-3
10V1-3
151V1-4
3V1-3
4
14V1-4+5
6V4+5

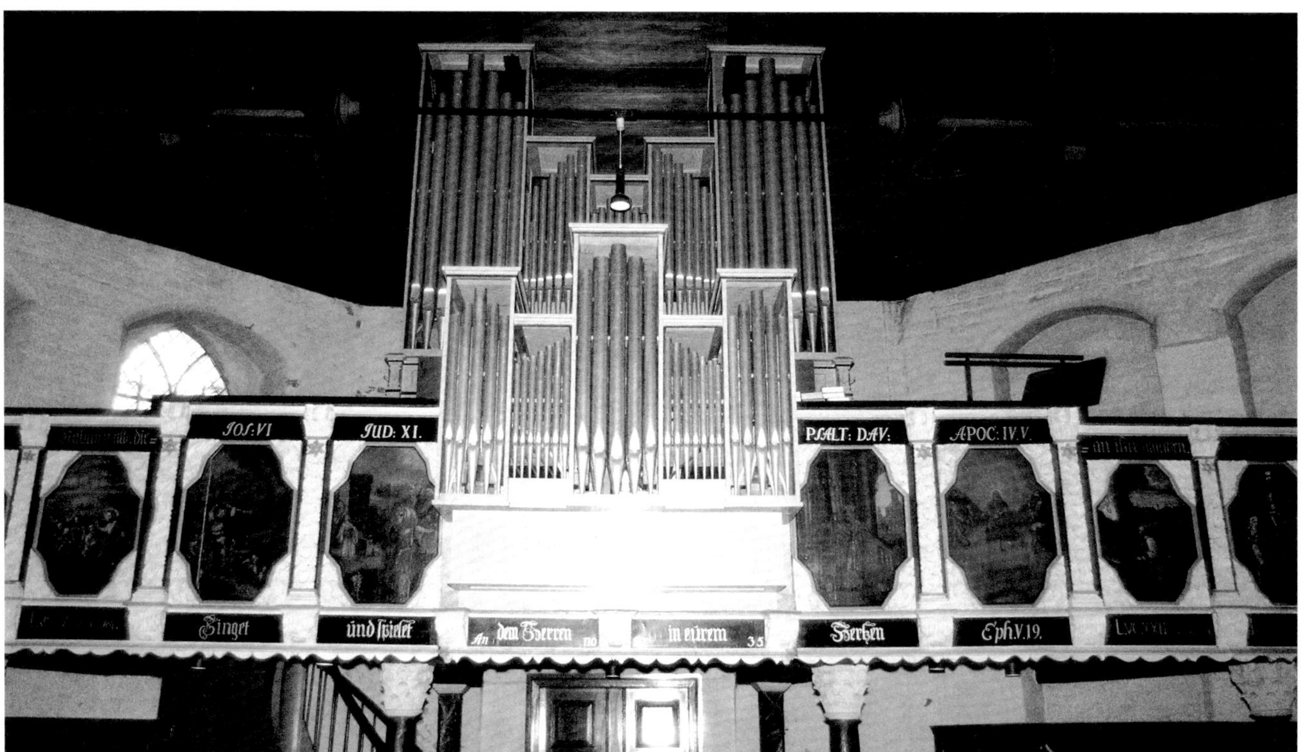
JOS: VI
JUD: XI.
PSALT: DAV:
APOC: IV.V.
Singet
und spielet
dem Herren
in eurem
Herzen
Eph.V.19.

genden Wiesen. Sehr deutlich heben sich die acht bis zehn Meter hohen Wallanlagen aus der Landschaft hervor.
Im Stadtteil Schlutup befindet sich mit der St. Andreaskirche ein Gebäude aus dem 17. Jahrhundert. Kürzlich wurden in dieser Kirche bisher unbekannte Malereien entdeckt. Schlutup ist auch durch seine Fischindustrie bedeutsam.
Auch südlich der Lübecker Altstadt gibt es ebenso bedeutsame historische Stätten. Der Vorort Moisling hat einen jüdischen Friedhof, dessen Entstehen sich in das 17. Jahrhundert zurückführen läßt. In diesem Ort wurden nach 1648 Ostjuden aufgenommen. Erst im Jahre 1848 wurde ihnen das Wohnrecht in der Stadt endgültig gewährt. Kulturgeschichtlich bedeutsam sind auch die St.-Jürgen-Kapelle im Stadtteil St. Jürgen und die Kapelle in Klein Grönau.
Im Dorf Genin am Elbe-Trave-Kanal steht eine gotische Kirche aus dem 14. Jahrhundert. Das Innere hat eine sehenswerte barocke Ausstattung. Das Hünengrab von Blankensee entstand schon in der Jüngeren Steinzeit um 1800 v. Chr. Da in diesem Grab ein bronzenes Messer gefunden wurde, ist der Übergang zur Bronzezeit schon angedeutet.

Kapelle des ehemaligen Siechenhauses in Klein-Grönau (1409).

St. Georg im Dorf Genin (um 1250).

Der Grabstein auf dem Judenfriedhof im Stadtteil Moisling lassen eine komplizierte Vergangenheit erahnen.

)ie Abbildungen zeigen die Kirche St. ndreas, die Taufe und die Orgel mit 'eilen der Empore in Schlutup.

Die Nachbarorte

Außerhalb der politischen Grenzen Lübecks gehören zum weiteren historischen Umfeld die Städte Bad Schwartau, Neustadt, Eutin, Bad Segeberg, Bad Oldesloe, Reinfeld, Ratzeburg und Mölln. Diese Orte umspannen das landschaftlich reizvolle Gebiet zwischen den Naturparken „Holsteinische Schweiz“ und „Lauenburgische Seen“. Östlich der Grenze liegt die Hansestadt Wismar, Lübecks Partnerstadt.

Das Jodsole- und Moorheilbad des Nordens, die Stadt **Bad Schwartau**, entwickelte sich seit dem 13. Jahrhundert aus einem Siechenviertel der Lübecker. Die spätgotische Kapelle des Siechenhauses von 1508 besteht noch. Die Stadt ist seit über 75 Jahren anerkanntes Kurbad. Älter als Schwartau ist das eingemeindete Kirchdorf Rensefeld, dessen Kirche schon 1177 erwähnt wird (S. 85).

Das benachbarte Dorf **Ratekau** ist nicht nur ein Dorf mit einer bekannten Feldsteinkirche (S. 77) von 1156. Hier kapitulierte am 6. November 1806 General Blücher im ehemaligen Pastorat neben der Kirche mit seinen preußischen Truppen, nachdem er sich zuvor in Lübeck zu verteidigen versuchte.

Neustadt an der Lübecker Bucht ist eine planmäßige Gründung, um einen

Das Amtsgericht des Jodsole- Moorheilbades Stadt Bad Schwartau steht seit 1980 unter Denkmalschutz.

Handelsplatz näher an der Ostsee zu haben, da Altenkrempe mit seiner sehenswerten Kirche zu weit landeinwärts lag. Die Kirche mit frühgotischen Formen von 1238, das Kremper Tor von 1680 und das klassizistische Rathaus von 1817 am Marktplatz sind die Besonderheiten der Hafenstadt mit dem großen unter Naturschutz stehenden „Binnenwasser“.

Die „Rosenstadt“ **Eutin** hat ihren Ursprung in der wendischen Zeit auf der Fasaneninsel im Großen Eutiner See. Mit dem Zuzug von holländischen Siedlern entwickelten sich am jetzigen Standort ein Markt mit der spätromanischen St. Michaeliskirche, ein Bistum und später der Sitz der Fürstbischöfe von Lübeck mit dem Eutiner Schloß (S.79).

Die Kirche St. Michaelis in Eutin ist ein dreischiffiges spätromanisches Gotteshaus.

Die Feldsteinkirche in Ratekau wurde im Jahre 1156 mit einem runden Turm errichtet.

Im „Weimar des Nordens", diese Bezeichnung Eutins deutet auf reges Geistesleben hin (S. 88), hat die Geschichte auch Spuren in den vielen sehenswerten Baudenkmälern hinterlassen. In der Kreisstadt Ostholsteins kann auf Schritt und Tritt Geschichte nachvollzogen werden. Sehr beliebt sind auch die seit 1950 durchgeführten Eutiner Sommerspiele mit ihren Opern-, Operetten- und Musicalaufführungen in der Freilichtbühne am Großen Eutiner See. Im Naturpark „Holsteinische Schweiz" bieten sich Wanderungen durch das seenreiche ostholsteinische Hügelland an. Ein Abstecher nach **Bosau** zur alten Geroldskirche (S. 79) am Großen Plöner See lohnt sich.

Bad Segeberg ist eine an ihrem bekannten Kalkberg gelegene Kreisstadt. Die Anfänge der Siedlung gehen auf eine Burganlage auf dem Kalkberg, der Sigisburg, zurück, während sich am

Blick über die Knicklandschaft im östlichen Holstein.

Das Schloß in der Rosenstadt Eutin.

Die Kirche St. Petri in Bosau am Großen Plöner See.

Fuße des Berges ein Kloster befand. Die Kirche (S. 80) entstand im Jahre 1160, und der Innenraum ist wie die Kirche bereits mit Backstein gebaut. Die Kunstgegenstände der Kirche sind zahlreich und sehenswert. Auf die Besonderheiten der Kalkberghöhlen als Naturschutzgebiet und die Freilichtbühne am Kalkberg (Karl-May-Festspiele seit 1952) sei hier nur hingewiesen (S. 80). Der schon im Mittelalter hier gewonnene Gips, kein Kalk, diente dem Kirchenbau. Wegen der Salzquellen im Untergrund konnte die Kreisstadt sich auch zu einem Kurbad entwickeln.

Zu den ältesten Stätten im historischen Umfeld von Lübeck gehört **Bad Oldesloe**, die Kreisstadt von Stormarn. Die Kirche wird schon 1150 von Vicelin gegründet. Der Ort erhielt Lübisches Recht. Als Sehenswürdigkeiten sind das klassizistische Rathaus aus der Zeit um 1800, die Kirche Peter und Paul, das

Karl-May-Festspiele im Freilichttheater am Kalkberg in Bad Segeberg.

Die Kirche St. Marien wurde von Bischof Gerold ab 1160 errichtet.

Travelandschaft bei Bad Oldes

sog. Blaue Haus, ein Speicher hansischer Kaufleute, sowie die planvolle Marktplatzanlage zu nennen. Wegen der Salzquellen im Untergrund konnte sich der Ort zum Bad entwickeln wie auch Bad Segeberg und Bad Schwartau.

Die Geschichte **Reinfelds** geht auf die Anlage eines Klosters im Jahre 1186 zurück. Der Ruf als Karpfenstadt (S. 82/83) entwickelte sich aus den klösterlichen Fastenregeln, Fisch zu essen. Die heutige Kirche geht auf das Jahr 1636 zurück und enthält barocke Kunstwerke. Seit 1926 ist die kleine Ortschaft Stadt und ein beliebter Luftkurort. Im alten Postamt (S. 88) in Reinfeld wurde auch der Dichter Matthias Claudius geboren.

Die Inselstadt **Ratzeburg** (S. 83), die Kreisstadt des Herzogtums Lauenburg, bereichert das historische Umfeld von Lübeck im Süden. Sehenswert sind in dieser Stadt mit ihrer einzigartigen naturräumlichen Lage der über 800jährige Dom und das mit dieser Kirche verbundene ehemalige Kloster. Den Ratzeburger Dom sollte man nicht versäumen! Mit seinen umfangreichen Kunstschätzen und seiner baulichen Anlage, die z. T. älter sind als die des Lübecker Doms, ist er wahrhaft sehenswert. Den Kunstinteressierten zieht es auch in die klassizistische Stadtkirche, in das Weber-Haus und das neue Ernst-Barlach-Museum. Durch die reizvolle Wakenitzlandschaft, die unter Naturschutz gestellt werden soll, kann Ratzeburg von Lübeck aus auch mit dem Boot erreicht werden.

Die Stadt **Mölln** (S. 84) befindet sich wie die Kreisstadt Ratzeburg des Kreise Herzogtum Lauenburg im Naturpark Lauenburgische Seen.

Es handelt sich um eine wald- und seenreiche Landschaft im östlichen Holstein. Mölln gilt als Luftkurort und besitzt auch einen landschaftlich reizvollen Kurpark. Die Stadt mit ihrer gut erhaltenen mittelalterlichen Stadtanlage hat ca. 16000 Einwohner und ist Till Eulenspiegel gewidmet, an den an der Nikolaikirche eine Grabstelle von 1530 und unterhalb der Kirche auf dem Marktplatz eine Bronzeplastik erinnern.

Eröffnung des Karpfenfestes vor dem Rathaus in Reinfeld.

Karpfenernte in Reinfeld.

Ratzeburger Dom.

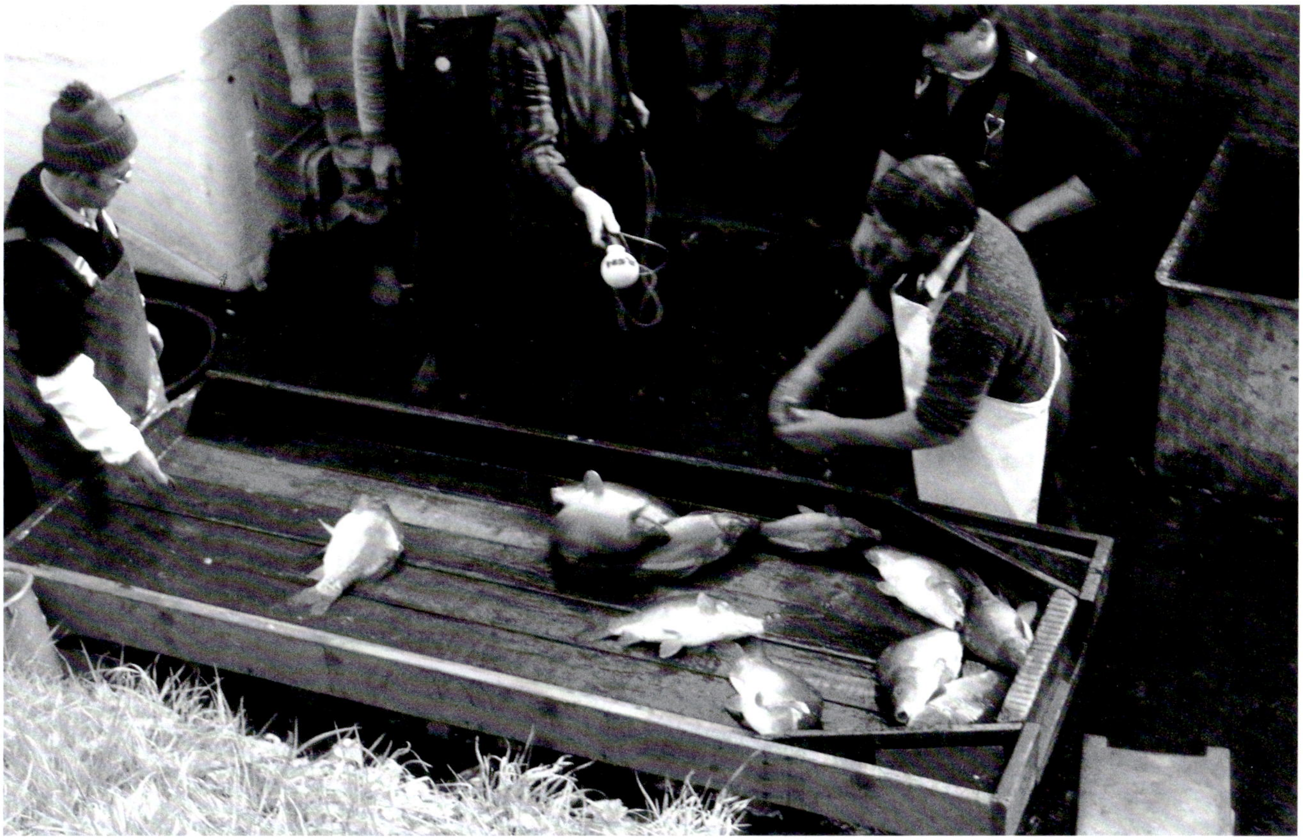

Rathaus der Inselstadt Ratzeburg.

Das Heimatmuseum der Stadt Mölln befindet sich in einem Fachwerkhaus von 1582.

Im Fachwerkhaus Markt 2, der Kirche gegenüber, befindet sich das Heimatmuseum. Um den Markt herum stehen weitere ältere Gebäude, z. B. das gotische Rathaus mit seinem Ostgiebel von 1373. Die Nikolaikirche wurde von 1300 bis 1500 ebenfalls im gotischen Stil errichtet. Zu den wichtigen Kunstwerken der Kirche zählen die Bronzetaufe aus dem Jahre 1509, die Leuchter von 1436, das Triumphkreuz von 1504 oder 1507 und die Kanzel von 1743. Auch die Orgel von 1558 von J. Scherer gehört zu den kulturhistorischen Kostbarkeiten dieser Kirche.
Die Lage Möllns im Naturpark Lauenburgische Seen und am Elbe-Lübeck-Kanal erlaubt den Besuchern dieser Stadt umfangreiche Wanderungen in naturnahe Landschaften.

Weitere interessante Exkursionen lassen sich von Lübeck auch an die Lübecker Bucht durchführen, wo nicht nur das Ostseeheilbad Travemünde liegt. Nördlich an diesen Seebad schließen sich Niendorf (S. 88), Timmendorfer Strand (S. 85), Scharbeutz, Haffkrug (S. 86) und Sierksdorf (S. 86) an. Auch diese Küstenorte laden zu kultur- und naturkundlichen Erlebnissen im Großraum des Weltkulturguts Lübeck ein und tragen zur Bereicherung eines Lübeckbesuches bei.

Windmühle in Rönnau/Travemünde.

Rensefelder Kirche in Bad Schwartau.

Sonnenuntergang am Vierer See nördlich von Bosau.

Hotel Maritim und Seebrücke in Timmendorfer Strand.

Mennokate bei Bad Oldesloe.

Geburtshaus von C.M. von Weber in Eutin.

Achterbahnfahrt im Hansaland in Sierksdorf.

Ostseebad Haffkrug aus der Vogelperspektive.

Kloster Nütschau bei Bad Oldesloe (1577/78).

Kanalschleuse des Elb-Lübeck-Kanals in Ober-Büssau.

Lindenallee von Häven nach Niendorf.

Das Voß-Haus in Eutin.

Neues Pastorat in Reinfeld.

Ringreiten in Goldenbek.

Das Ostseebad Travemünde

Travemünde ist die „schönste Tochter" der Hansestadt Lübeck und eine Perle der Ostseebäder an der Mündung der Trave in die Lübecker Bucht. Obwohl das Städtchen seit 1329 im Besitz Lübecks war, wurde der Ort erst im Jahre 1913 eingemeindet.

Travemünde entwickelte sich seit dem Mittelalter um die spätgotische St. Lorenzkirche, deren heutiger Bau nach mehreren Bränden im Jahre 1557 neu errichtet und geweiht wurde. Der Ort war seit seiner ersten Erwähnung 1219 ein Fischerdorf, denn vom Ortskern, Travemünde-Stadt genannt, sind es nur wenige Schritte zum Fischereihafen mit den Bootsstegen und den Fischkuttern. Um zum Hafen zu gelangen, muß man die Straße Vorderreihe überqueren, eine prachtvolle und parallel zur Trave verlaufende Straße mit stattlichen Häusern, zierreichen Veranden, die Travepromenade mit einer herrlichen Aussicht auf das Treiben an und auf diesem Fluß und dem hier ankernden Dampfeisbrecher „Stettin". Besonders hervorzuheben ist das unter Denkmalschutz stehende Haus Vorderreihe 7, die Polizeiwache des Ortes, mit seiner sehr schönen Eingangstür.

Parallel zur Vorderreihe verläuft die Kurgartenstraße. Beide Straßen sind durch Passagen miteinander verbunden.

Zur Küste hin befindet sich der Ortsteil Travemünde-Strand mit einem eigenen Bahnhof. Hier stehen sowohl das berühmte Casino (S. 98), der Kursaal, das Kurhaushotel (S. 99) und etwas ent-

Travepromenade und Häuser in der Straße Vorderreihe im Ostseebad Travemünde.

Ostseebad Travemünde aus der Vogelperspektive.

Viermaster Passat – Kulturdenkmal und Museumsschiff.

Seemannschor auf dem ehemaligen Segelschulschiff Passat.

Windjammer-parade an der Travemündung.

fernt das weithin sichtbare, über 30 Stockwerke hohe Maritim-Hotel an der Mündung der Trave(S. 90/91). Daneben liegt der Kurmittelbereich des Ostseebades mit dem modernen Strandbadzentrum „Aqua top“, einer beliebten Freizeiteinrichtung nicht nur an kühleren Tagen. Parallel zum Strand verläuft eine großzügig angelegte Seepromenade mit Sitzecken, Blumenbeeten und einer herrlichen Aussicht auf die Lübecker Bucht. Seit 1802 ist Travemünde ein offiziell anerkanntes Ostseeheilbad, das neben einem Travemünder Gastwirt noch zehn weitere, aus Lübeck stammende Gründer hatte.
Nach Norden führt die Seepromenade zum ca. 4 km langen Brodtener Steilufer(S.100/101), auf dessen Höhenweg man zum Golfplatz von Travemünde und zum Lokal Hermannshöhe gelangt und weiter nach Timmendorfer Strand wandern kann(S. 102/103).
Gegenüber dem „Aqua top“ auf der anderen Traveseite steht das neue Wahrzeichen Travemündes, das alte Segelschulschiff „Passat“, das im Sommer auch besichtigt werden kann(S. 92/93). Daneben liegt ein großer Jachthafen. Dahinter erstreckt sich nach Osten bis zur Landesgrenze nach Mecklenburg-Vorpommern die Halbinsel Priwall, eine reizvolle Strandwall-Landschaft.
Flußaufwärts südlich des Fischereihafens befinden sich ein weiterer Jachthafen und eine Bootswerft. Im Fischereihafen findet im Sommer an jedem Sonntag ein Fischmarkt statt.
Große Bedeutung für den Touristen hat der Skandinavienkai (S. 97) in Travemünde. Von den acht Fähranlegern rollt der Personenverkehr nach Skandinavien in Richtung Schweden und Finnland. Das größte und schnellste Fährschiff, das Travemünde ansteuert, ist die Finnjet (S.97).
Seit 1889 werden in Travemünde Segelwettbewerbe, die Travemünder Woche, durchgeführt, die das Seebad im Segelsport international bekanntgemacht haben. Neben dem Jachtclubgebäude steht der alte Leuchtturm von 1827, das alte Wahrzeichen von Travemünde, dessen Leuchtfeuer heute keine Bedeutung mehr hat, sondern von dem über 100 m hohen Seezeichen auf dem Maritim-Hotel abgelöst worden ist. Lübeck hat den Antrag gestellt, die Segelolympiade des Jahres 2000 in Travemünde und in der Lübecker Bucht stattfinden zu lassen.

Der Waterkant-Chor „Möwenschiet" trägt zur Unterhaltung während der Travemünder Woche bei.

Alt Travemünde

Molenkopf mit Leuchtturm der Nordermole in Travemünde.

Die Finnjet ist das größte Travemünde anlaufende Fährschiff.

Am Skandinavien-Kai legen alle Fährschiffe aus Skandinavien an.

Das Casino in Travemünde wurde 1913 als Kursaal errichtet.

Am Roulette-Tisch geht es um Geld und Glück.

Das Kurhaus-Hotel wurde 1913 im neuklassizistischen Stil errichtet.

Das Haus Royal liegt an der Seepromenade des Ostseebades.

Die Seepromenade führt zum Brodtener Ufer.

Das Brodtener Ufer ist ein beliebtes Wandergebiet an der Ostseeküste.

Maler finden am Brodtener Ufer immer wieder neue Motive.

Der Höhenwanderweg am Brodtener Ufer ist ca. 20 m hoch

Ausgewählte Literatur

Baseler, Hartwig (Hrsg.)	:	Kunst-Topographie Schleswig-Holstein, Neumünster 1982
Bähr, J./Kortum, G. (Hrsg.)	:	Schleswig-Holstein, in: Sammlung geographischer Führer, Band 15, Berlin/Stuttgart 1967
Brix, Michael	:	Lübeck. Die Altstadt als Denkmal, München 1975
Busch, Siegfried	:	Die Lübecker Altstadt – Vom Werden und Wandel eines Stadtdenkmals, in: Schleswig-Holstein, Sammlung geographischer Führer, Band 15, S. 243 - 259, Berlin/Stuttgart 1987
Degn, Christian/Muuß, Uwe	:	Topographischer Atlas Schleswig-Holsteins, Neumünster 1966
Dollinger, Ph.	:	Die Hanse, Stuttgart 1976
Enns, A. B.	:	Lübeck, ein Führer durch die Bau- und Kunstdenkmäler der Hansestadt Lübeck, Lübeck 1984
Harenberg, Redaktionsbüro (Hrsg.)	:	Knaurs Kulturführer in Farbe, Deutschland, München 1976
Hasse, Max	:	Lübeck, München 1973
Hasse, Max	:	Die Marienkirche zu Lübeck, Berlin 1983
Höppner, A.	:	Lübeck, eine Hansestadt macht Geschichte, Lübeck o. J.
Hübler, Hans	:	Das Bürgerhaus in Lübeck, Tübingen 1968
Knüppel, Robert	:	Lübeck – Wo Steine Geschichte erzählen, Lübeck 1991
Neugebauer, Werner	:	Schönes Holstein, Lübeck 1963
Nörenberg, K.-D/Wölfel, D.	:	St. Jakobi zu Lübeck, Lübeck 1984
Petersen, B. P.	:	Führer durch Schleswig-Holstein, Wesselburen 1973
Zietz, H. Ch.	:	Ansichten der freien Hansestadt Lübeck, Frankfurt 1822